会计学
专业课程思政案例

晋晓琴 主编

郑州大学出版社

图书在版编目(CIP)数据

会计学专业课程思政案例/晋晓琴主编. — 郑州：郑州大学出版社,2023.9
ISBN 978-7-5645-9800-6

Ⅰ.①会… Ⅱ.①晋… Ⅲ.①高等学校-思想政治教育-教案(教育)-中国 Ⅳ.①G641

中国国家版本馆 CIP 数据核字(2023)第 122331 号

会计学专业课程思政案例
KUAIJIXUE ZHUANYE KECHENG SIZHENG ANLI

策划编辑	王卫疆	封面设计	王　微
责任编辑	孙　泓	版式设计	苏永生
责任校对	吴　静	责任监制	李瑞卿

出版发行	郑州大学出版社	地　　址	郑州市大学路 40 号(450052)
出 版 人	孙保营	网　　址	http://www.zzup.cn
经　　销	全国新华书店	发行电话	0371-66966070
印　　刷	郑州市今日文教印制有限公司		
开　　本	787 mm×1 092 mm　1/16		
印　　张	11.75	字　　数	164 千字
版　　次	2023 年 9 月第 1 版	印　　次	2023 年 9 月第 1 次印刷
书　　号	ISBN 978-7-5645-9800-6	定　　价	49.00 元

本书如有印装质量问题,请与本社联系调换。

作者名单

主　编　晋晓琴
副主编　高　丽　宋春霞
编　委　王晓妍　田　逸　林　桢
　　　　周培红　胡沛枫　史小艳
　　　　李花果

为了更好地贯彻习近平总书记在全国高校思想政治工作会议上的重要讲话,全面贯彻党的二十大精神,落实立德树人根本任务,华北水利水电大学省级会计学专业课程思政教学团队以国家级一流专业建设点为依托,结合多年教学实践,积极开展会计学专业课程思政建设,特编成了《会计学专业课程思政案例》一书。本书遵循《习近平新时代中国特色社会主义思想进课程教材指南》,选取了会计学专业的8门课程,深入挖掘各门课程中蕴含的思政元素和教学结合点,整理汇编了较为典型的课程思政教学案例。本书可作为高校会计学、财务管理、工商管理等专业教师进行课程思政建设的参考书,对提高教师课程思政的意识和能力具有促进作用,也可为其他专业的课程思政建设、一流专业建设以及一流课程建设提供参考和借鉴。

本书具有如下特点:

(1)知识体系完整。本书以会计学专业课程结构为基础,以专业建设为主线,精心挑选了包括专业基础课、专业核心课和专业选修课等不同性质的8门课程,保证了课程体系的完整性和全面性,也避免了课程之间的重复与交叉。

(2)思政选题恰当。本书依据《高等学校课程思政建设指导纲要》提出的五类思政融入点,将习近平新时代中国特色社会主义思想、社会主义核心价值观、中华优秀传统文化、全面依法治国、职业道德有机融入案例之中,将价值塑造、知识传授和能力培养三者融为一体,帮助学生塑造正确的世界观、人生观、价值观。

(3)案例设计合理。本书所选案例按照知识点细化分解课程思政育人主题,采用精巧的教学设计将鲜活的教学案例生动地融入知识讲解中,便于各高校会计学、财务管理、工商管理等专业教师直接使用,实用性强。

本书由华北水利水电大学管理与经济学院晋晓琴教授担任主编,高丽、宋春霞为副主编。全书共八章,其中晋晓琴编写第一章案例一至案例三,李花果编写案例四;宋春霞编写第二章,高丽编写第三章,王晓妍编写第四章,林桢编写第五章,胡沛枫编写第六章,周培红编写第七章,史小艳编写第八章。最后由晋晓琴、田逸对全书进行了修改与总纂。

同时,本书是以下教学改革项目或者教学质量工程的阶段性成果:国家级一流本科专业(会计学专业)建设点;2021年河南省高等教育教学改革研究与实践重点项目"新文科背景下行业特色高校会计学国家级一流本科专业建设的研究与实践"(2021SJGLX152);2021年校级教育教学研究与改革重点项目,并获得华北水利水电大学教改项目资助;2021年度河南省新文科研究与改革实践项目"行业特色高校经管领域新文科建设实践研究"(2021JGLX068)、"行业特色高校新商科复合型人才培养创新与实践研究"(2021JGLX070);2021年河南省本科高校课程思政教学团队(会计学专业课程思政教学团队)。"华北水利水电大学研究生教育改革与质量提升工程项目"(NCWUSZKC202303)。

本书的顺利出版得益于华北水利水电大学和郑州大学出版社的大力支持,在此一并表示衷心的感谢。本书在编写中借鉴参考了许多文献资料和评论文章,特向相关作者表示感谢。书中列示的视频,请读者在官方网站自行下载观看。由于编者水平有限,书中难免存在不足之处,敬请各位专家和读者批评指正。

编　者

2023年2月

目录

第一章　基础会计学课程思政案例 ……… 001
案例一　学习我国会计发展历史,坚定文化自信 ……… 002
案例二　践行社会主义核心价值观,提供高质量会计信息 ……… 007
案例三　运用新技术进行财产清查,弘扬新时代北斗精神 ……… 015
案例四　奋斗正当时:丰盈人生资产 ……… 021

第二章　财务管理课程思政案例 ……… 027
案例一　企业的财务管理目标与研发投资 ……… 028
案例二　懂理财有财商,远离"套路贷" ……… 036
案例三　警惕"元宇宙"非法筹资 ……… 042
案例四　鸿星尔克"捐赠支出"的价值创造效应 ……… 047

第三章　政府会计课程思政案例 ……… 054
案例一　中国政府与社会主义制度的优越性 ……… 055
案例二　以"预算公开"之矛破"腐败"之盾 ……… 061
案例三　财政转移支付的公平正义 ……… 065
案例四　财政革命之国库集中收付制度改革 ……… 070

第四章　财务报表分析课程思政案例 ……… 076
案例一　解析"去杠杆"政策,识别企业债务风险 ……… 078
案例二　恪守诚实守信,对财务造假零容忍 ……… 083

第五章　金融学课程思政案例 ……………………………………… 089

　　案例一　一场关于"钱"的革命——数字货币 ………………………… 090
　　案例二　从40年巨变看改革开放成就——票据市场 ………………… 097
　　案例三　蚂蚁集团IPO为什么被叫停？——金融监管 ……………… 103

第六章　管理学课程思政案例 …………………………………… 112

　　案例一　不同制度环境下的共同富裕比较分析 ……………………… 113
　　案例二　霍桑实验中的科学品质与人本观 …………………………… 119
　　案例三　如何克服"磨洋工"提升劳动生产效率？——科学管理中的科学精神和职业素养 …………………………………………………… 124
　　案例四　自主创新："逆全球化"下的创新之道 ……………………… 127

第七章　投资学课程思政案例 …………………………………… 135

　　案例一　节制消费——投资概念的理解 ……………………………… 136
　　案例二　克服侥幸心理——投资的不确定性 ………………………… 140
　　案例三　知识就是财富——多样化的投资工具 ……………………… 144
　　案例四　有了强的国，才有富的家——基本分析之宏观分析 ……… 148

第八章　经济法课程思政案例 …………………………………… 154

　　案例一　以人为本之维护公平竞争秩序 ……………………………… 155
　　案例二　以人为本之缩小贫富差距 …………………………………… 160
　　案例三　以人为本之舌尖上的安全 …………………………………… 165
　　案例四　以人为本之有为政府 ………………………………………… 170

参考文献 ……………………………………………………………… 174

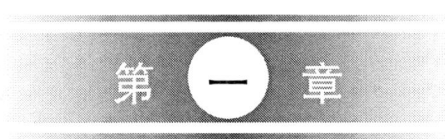

基础会计学课程思政案例

【基本情况】

基础会计学是会计学专业的专业基础课,主要阐述会计的基本理论、基本方法和基本技能。通过学习,学生理解会计目标、会计要素等基本理论,熟练运用基本方法对企业发生的各类经济业务进行会计处理,掌握填制会计凭证、登记账簿、编制财务报告的基本技能,培养学生运用会计符号和语言反映经济业务的能力,培养学生自主学习能力、财务思维能力和创新能力,为后续专业课程学习奠定基础。

【教学目标】

★知识目标 以马克思主义政治经济学和习近平新时代中国特色社会主义思想为指导,掌握会计学的基本知识、基本理论、基本方法,了解会计学科的理论前沿和发展动态,熟悉国内外与会计有关的法规制度和国际惯例,熟悉如何运用会计符号和语言反映经济业务的模式,为后续专业课程学习奠定基础。

★能力目标 培养学生运用会计符号和语言反映经济业务的能力,培养学生熟练运用会计凭证、会计账簿、财务会计报告等实践能力,培养学生自主学习能力、财务思维能力和创新能力。

★素质目标　培养学生的会计职业道德素养,具有事业心、团队合作意识、社会责任感和严谨的工作态度,以及遵纪守法、诚实守信和勇于奉献的精神。

★思政目标　将思想政治教育"无痕"融入课程教学,培育和践行社会主义核心价值观,坚定"四个自信",强化学生的爱国主义情怀。

案例一

学习我国会计发展历史,坚定文化自信

一、知识点

我国会计的总体发展。

二、育人目标

在讲解我国会计的总体发展时,插入我国著名会计史学家郭道扬的故事,他穷尽一生只为做好一件事——撰写《中国会计通史》;融入文化自信的思政元素,契合"青春是用来奋斗的,幸福都是奋斗出来的"的价值观导向;展示会计类专业博物馆,阅读建党100周年"红色会计"新闻,引导学生知史爱党、知史爱国,坚定文化自信。

三、案例内容

(一)郭道扬撰写《中国会计通史》

2011年9月,时年已71岁的郭道扬先生,收到了国家社会科学基金委为会计学科下达的新中国成立以来第一个重大项目——"中国会计通史系列问题研究"。自此,郭先生开始了研究撰写《中国会计通史》的漫长征途。从那时起,在先生的作息表上,没有了双休日,也没有了节假日,每天7点起床,8点准时写作,晚上加班3小时,一天写作11个小时,雷打不动。他身患糖尿病已31年,2004年脑中卒延误3天住院险些危及生命。出院后,他左边的肢体行动十分滞缓。多年来,郭先生每天依靠药物和胰岛素来控制血糖维持生命活力。年复一年,终于在2019年8月,先生完成了5卷12篇38章300余万字的《中国会计通史》。

2019年8月30日上午,著名会计学家、文澜资深教授郭道扬先生在"中华人民共和国会计70年"研讨会上带着他历时8年完成的5卷本300万字的《中国会计通史》手稿,向共和国70岁生日献礼,让全场深受感动,报以热烈的、经久不息的掌声。研讨会上郭道扬先生哽咽发言,"我这一辈子,只做了这一件事,那就是写中国会计史,这就是我的初心和使命!"

《中国会计通史》从远古时代一直写到近现代,全面系统地研究、总结了中华民族上下五千年的会计与会计文化的起源、演进、发展及其历史运行规律。这既是中国的第一部会计通史,也是世界上的第一部会计通史。既是为中国会计工作者写史,也是为全世界一亿多会计人员立碑,这是郭先生当年申报重大项目的初衷。《中国会计通史》最突出的贡献在于,它首次通过系统考证与研究,全面展示了中华民族对会计科学与会计文化的自创价值,用历史事实与一系列珍贵会计文物,向全世界展示中国会计所创立的科学文化成就,并确定了中国与世界发展史上的里程碑。①

(二)全国首次"红色会计"主题展览暨学术研讨

2021年6月20—21日,由山东财经大学、中国会计学会会计史专业委员会、潍坊市财政局联合主办的全国首次"红色会计"主题展暨学术研讨系列活动在山东会计博物馆成功举办。开幕式后,与会专家学者参观"红色会计"主题展览。这次展览把会计史作为中国共产党百年奋斗史的一个缩影,以党领导下的革命根据地和解放区经济建设为核心,从"红色瑞金,星火燎原""延安圣地,星耀中国""巍巍太行,日寇胆寒""沂蒙精神,永放光芒""白山黑水,奠基解放""算盘账簿,胜利保障"6个篇章,以及"红色管家""红色货币""红色票证"三个专题展示"红色会计"文化的历史。

四、教学设计

(一)课前准备

课前让学生搜集《会计改革与发展"十四五"规划纲要》,了解其内容,深刻认识发布和实施该规划纲要的重大意义,为学习以后章节奠定基础。

(二)课堂导入

复习"西方国家会计的产生和发展的历史",引入话题"我国会计的产生和发展可以分为几个阶段?中西方会计产生和发展的历史有何异同?",进而展开本节课的知识点讲解。

---

① 郄进兴,曾军,冉明东.传会计之道 扬中华之光:写在《中国会计通史》出版之际[J].会计研究,2020(1):4.

(三)知识讲解与思政要素的融入

1. 我国古代会计阶段

在讲解我国古代会计阶段时,向学生介绍我国"会计"二字最早出自儒家经典书籍《周礼》,向学生推荐我国第一部会计著作《太平经国之书》;介绍我国古代大教育家、思想家孔子的会计思想"会计当而已矣",中间展示几个比较知名的会计类专业博物馆:中国会计博物馆(全球第一家会计专业博物馆)、中国会计史文博馆(全国首家融合会计研究史料与历史文物为一体的专业型博物馆)、中国(沈阳)会计博物馆(国内第一家会计博物馆)、中国少数民族财会博物馆,鼓励学生课余参观上述博物馆,亲身体验我国会计文化的源远流长与博大精深,弘扬和宣传会计文化,为我国会计行业的发展贡献自己的力量。

2. 我国近代会计阶段

在讲解我国近代会计阶段时,让学生通过"学习强国"平台,浏览新闻"全国首次'红色会计'主题展览暨学术研讨会",观看相关图片和视频片段,让学生了解红色会计历史,熟悉我们党在坚苦卓绝的革命战争中取得的经济和会计发展成就,红色会计史是我们党史的重要组成部分,鼓励学生传播红色会计文化,讲好红色会计故事,引导学生知史爱党爱国,在未来的学习和工作中发扬红色传统、传承红色基因,为红色会计研究添砖加瓦。

3. 我国现代会计阶段

在讲解现代会计阶段时,首先用大量的图片、新闻报道、期刊等资料让学生了解我国著名会计史学家郭道扬教授撰写《中国会计通史》的故事,一方面让学生感受中华民族自创会计文化的自信,融入文化自信思政元素;另一方面鼓励学生学习"郭教授一辈子做好一件事"的坚韧不拔之志,为钟爱的事业奋斗终生,契合习近平总书记在2013年5月4日讲话中提出的"青春是用来奋斗的"以及2018年新年贺词"幸福都是奋斗出来的"价值观导向。

其次,要求学生认真学习《中华人民共和国国民经济和社会发展第十四个五年规划和2035年远景目标纲要》和《会计改革与发展"十四五"规划纲要》,理解数字经济七大重点产业(云计算、大数据、物联网、工业互联网、区块链、人工智能、虚拟现实和增强现实)对未来会计发展产生的深远影响,了解会计改革未来发展方向,并做好自己的职业规划。

课堂小结与思考

1. 课堂小结

本节课重点讲述了我国会计的总体发展。通过本节课的学习,鼓励学生在未来的学习和工作中不断弘扬会计文化,助力我国会计改革和发展。

2. 思考题

党的二十大报告提出"推进文化自信自强,铸就社会主义文化新辉煌",请大家思考在会计领域如何做到文化自信?

案例二

践行社会主义核心价值观,提供高质量会计信息

一、知识点

会计信息质量要求的内涵和作用;四个会计信息质量要求(可靠性、可比性、实质重于形式、谨慎性)。

二、育人目标

通过学习习近平总书记关于高质量发展的论述,启发学生思考高质量发展和会计信息质量要求的关系,培养学生独立思考能力以及分析问题、解决问题的能力;采用案例教学法帮助学生理解和把握"可靠性"这一最基本会计信息质量要求,培养学生诚信品质,践行社会主义核心价值观;熟悉国内外与会计有关的法律法规制度和国际惯例,牢固树立法治观念,培育德法兼修的职业素养;培养学生关注会计理论前沿和最新动态的能力,提高学生学术素养。

三、案例内容

(一)高质量发展

2017年10月,习近平总书记在党的十九大报告中明确提出,我国经济已由高速增长阶段转向高质量发展阶段。2017年12月18召开的中央经济工

作会议,首次提出习近平新时代中国特色社会主义经济思想。习近平总书记进一步指出:"高质量发展,就是能够很好满足人民日益增长的美好生活需要的发展,是体现新发展理念的发展,是创新成为第一动力、协调成为内生特点、绿色成为普遍形态、开放成为必由之路、共享成为根本目的的发展。"①习近平总书记在党的十九届五中全会上发表的重要讲话,为新时代新阶段推动高质量发展指明了前进方向、提供了根本遵循。2022年10月召开的党的二十大报告提出,"高质量发展是全面建设社会主义现代化国家的首要任务",强调"要坚持以推动高质量发展为主题"。

近年来,我国会计理论界召开了以高质量发展为主题的多场学术会议。例如,2020年9月召开的中国会计学会第十九届全国会计信息化学术年会,学术年会的主题是"智能财务赋能经济高质量发展";2020年10月召开的中国会计学会财务成本分会2020学术年会暨第33次理论研讨会,其主题为"制度、财务与高质量发展";2021年10月召开中国会计学会财务管理专业委员会2021年学术年会,其会议主题为"服务高质量发展的财务管理理论与实践创新研究";2021年和2022年,北京国家会计学院连续两年举办"会计诚信与高质量发展论坛"。

(二)社会主义核心价值观、会计职业道德

党的十八大报告明确提出:"倡导富强、民主、文明、和谐,倡导自由、平等、公正、法治,倡导爱国、敬业、诚信、友善,积极培育和践行社会主义核心价值观。"财政部发布的《会计行业人才发展规划(2021—2025年)》明确提出,"将立德树人作为会计人才教育培养的根本任务,弘扬社会主义核心价值观。"党的二十大报告提出要广泛践行社会主义核心价值观,深入开展社会主

---

① 习近平.论把握新发展阶段、贯彻新发展理念、构建新发展格局[N].人民网–人民日报,2021-08-17.

义核心价值观宣传教育,用社会主义核心价值观铸魂育人。

《新时代公民道德建设实施纲要》提出,推动践行以爱岗敬业、诚实守信、办事公道、热情服务、奉献社会为主要内容的职业道德;《会计法》第三十九条指出,会计人员应当遵守职业道德,提高业务素质。《会计基础工作规范》第十七条至第二十四条明确了会计人员职业道德的具体内容;2020年修订的《中国注册会计师职业道德守则第1号——职业道德基本原则》《中国注册会计师协会非执业会员职业道德守则》第七条规定了注册会计师职业道德。上述所有规范中,诚信居首要地位,它是对会计行业的最基本要求。诚信是我国社会主义核心价值观的重要组成部分,是社会主义道德建设的重要内容,是构建社会主义和谐社会的重要纽带。为此,2021年,财政部发布的《会计改革与发展"十四五"规划纲要》《会计行业人才发展规划(2021—2025年)》,均明确提出要持续推进会计诚信建设。2023年,财政部发布的《会计人员职业道德规范》中排在首位的是"坚持诚信"。

(三)KM药业财务造假

1. 视频素材

《焦点访谈》:《财务造假须严惩》视频,2019年8月9日。

2019年,一批A股上市公司先后遭到证监会的立案和处罚,原因是他们涉嫌财务造假。访谈分析了上市公司造假的原因及手段,提出要加大对财务造假的处罚力度,保护投资者利益的建议。

2. KM药业财务造假始末

KM药业股份有限公司成立于1997年,2001年在上交所上市;上市后,一直以"医药白马股"的身份稳居A股市场。曾获评"2019践行安全用药社会责任优秀企业""2019广东省百强民营企业""2019年度公益先锋力量"

"2019年度《财富》中国500强企业"等荣誉称号。2019年4月30日,KM药业发布《关于前期会计差错更正的公告》,货币资金由原来的341.51亿元,调减为42.07亿元,"差错"金额高达299.44亿元,震惊了整个资本市场,制造了A股史上最大规模财务造假案。事发之后,其股价与事发之前相比,跌去了七成,投资者利益严重受损。

2019年8月16日,证监会发言人表示,KM药业有预谋有组织长期系统实施财务造假行为,恶意欺骗投资者,影响极为恶劣,后果极为严重。证监会调查后查明,KM药业存在以下违法事实:2016—2018年的年度报告以及《2018年半年度报告》中存在虚假记载,虚增营业收入、利息收入及营业利润;2016—2017年的年度报告以及《2018年半年度报告》中存在虚假记载,虚增货币资金;《2018年年度报告》中存在虚假记载,虚增固定资产、在建工程、投资性房地产;2016—2018年的年度报告中存在重大遗漏,未按规定披露控股股东及其关联方非经营性占用资金的关联交易情况。

2020年,证监会依法对KM药业违法违规案做出行政处罚及市场禁入决定,决定对KM药业责令改正,给予警告,并处以60万元罚款,对21名责任人员处以90万元至100万元不等的罚款,对6名主要责任人采取10年至终身证券市场禁入措施。证监会强调,信息披露制度是资本市场健康发展的制度基石,是维护投资者权益的重要保障。上市公司应严格遵循信息披露各项规定,确保披露的信息真实、准确、完整。2021年2月18日,中国证监会对负责KM药业财务审计的会计所和相关责任人员进行了行政处罚。

2020年12月31日,11名自然人请求发起KM药业虚假陈述民事赔偿普通代表人诉讼,后转换为特别代表人诉讼。2021年11月12日,广州中级人民法院对KM药业特别代表人诉讼案依法做出一审判决:KM药业承担24.59亿元的赔偿责任,其审计机构会计师事务所承担100%的连带赔偿责任,签字会计师杨某在承责范围内承担连带赔偿责任。公司实际控制人马某夫妇等4

名原高管人员承担100%的连带赔偿责任;另有13名高管人员按过错程度分别承担5%、10%、20%的连带赔偿责任。该判决一经公布,再次掀起了独立董事"辞职潮"。该案件是我国首单特别代表人诉讼案,也是迄今为止法院审理的原告人数最多(52 000余人)、赔偿金额最高的上市公司虚假陈述民事赔偿案,是中国投资者保护历史上的里程碑,对提高上市公司质量以及促进我国资本市场长远发展具有重要意义。

2022年1月,KM药业原董事长马某因犯操纵证券市场罪、违规披露、不披露重要信息罪、单位行贿罪,被广东省佛山市中级人民法院判处有期徒刑12年,并处罚金120万元;KM药业原副董事长、常务副总经理许某及其他责任人员11人,因参与相关证券犯罪被分别判处有期徒刑并处罚金。

四、教学设计

(一)课前准备

本课程采用的是线上线下混合式教学模式,要求学生在"学习通"中提前学习"会计信息质量要求"微课视频,并完成课前测试题;观看《焦点访谈》栏目制作的《财务造假须严惩》视频,为KM药业财务造假案例分析做准备,让大家思考为什么会提出会计信息质量要求。

(二)课堂导入

首先,提问课前布置的思考题:为什么会提出会计信息质量要求?然后介绍习近平总书记关于高质量发展的论述,思考高质量发展和会计信息质量两者之间的关系——实现高质量发展离不开高质量的会计信息。其次,拓展在会计领域的高质量话题。在高质量发展的时代背景下,会计理论界开展了很多与高质量发展相关的课题研究以及学术会议;财政部以推动高质量发展为主题,出台了《会计改革与发展"十四五"规划纲要》。最后,根据课前测试结果,指出该节课重点讲解出错率比较高的四个会计信息质量要求:可靠性、可比性、实质重于形式、谨慎性要求,并进行案例讨论,提问互动。

(三)知识讲解与思政要素的融入

1. 可靠性

采用层层递进的方式从三个层面(实际发生、如实反映、完整性)通过三个小案例来探讨可靠性要求的含义,接着结合课前布置的KM药业财务造假案例,组织学生分组进行讨论总结,融入会计职业道德、社会主义核心价值观、《会计改革与发展"十四五"规划纲要》等思政元素,培育学生诚信服务的职业素养,强调会计诚信是社会信用体系建设的重要组成部分,在全社会诚信建设中发挥着基础和保障作用。具体到每个人,考试时要严格遵守考场纪律和考场规则,不作弊;撰写毕业论文时,不抄袭;从事会计工作后,要以诚信为本,不做假账。

2. 可比性

首先让学生寻找《企业会计准则——基本准则》中哪个条款是描述可比性的,原滋原味读准则,熟悉会计专业术语;接着对比阅读金杯汽车和宇通客车的最新年报,学生可以很直观地理解可比性的含义;最后展示2018年以来有关可比性的CSSCI期刊论文有55篇,其中发表在会计领域的顶级期刊——《会计研究》上的可比性论文有9篇,具有一定的学术价值,详情见表1-1。

表 1-1 2018—2022 年《会计研究》发表的可比性论文

序号	论文名称	发表时间	论文作者
1	内部人交易会影响会计信息可比性吗?	2018.03	周冬华,杨小康
2	会计信息可比性与投资效率	2018.06	袁振超,饶品贵
3	IFRS,会计信息国际可比性与上市公司的资本配置效率	2018.12	曾峻,伍中信
4	会计信息可比性与高管薪酬契约有效性	2019.01	唐雪松,蒋心怡,雷啸
5	会计信息可比性、需求差异与跨公司信息传递	2019.04	鲁威朝,杨道广,刘思义
6	会计信息可比性与公司避税	2019.09	李青原,王露萌
7	货币政策紧缩,会计信息可比性与银行借款	2021.05	丁鑫,杨忠海
8	法律责任、审计风格和感知的会计信息可比性	2021.08	龙小海,刘杨晖,高怀荣
9	企业数字化转型会影响会计信息可比性吗?	2022.05	聂兴凯,王稳华,裴璇

从表 1-1 中可以看出,可比性仍是当前理论界讨论的热点问题,引导学生课后适当阅读会计类核心期刊,培养学生关注与自己专业相关的热点问题的能力,提高学生学术素养,为撰写课程论文或毕业论文奠定基础。

3. 实质重于形式

(1)通过售后回购案例,和同学们一起分析"实质重于形式"要求的含义和应用。

(2)引导大家学习各国企业会计准则条文,帮助学生树立法治观念,培育学生德法兼修的职业素养;最后引导学生观察各国会计准则哪些地方存在差异,思考存在差异的原因。

4. 谨慎性

在学生课前预习的基础上,通过案例法让学生理解谨慎性在会计准则中的具体应用,然后给出一个综合案例"科创板首个注册被否案例——恒安嘉新的收入确认问题",学生分组进行讨论并提问,培养学生分析问题、解决问题的能力。

5. 归纳总结

在全部讲解完八个会计信息质量要求之后,展示国际会计准则的会计信息质量特征框架,启发学生思考其与我国会计信息质量要求的区别和联系,并进一步引导学生考虑我国八个会计信息质量要求之间的关系,培养学生的辩证思维能力。可靠性是基础,相关性与会计目标密切相关,形式要件可理解、可比性、及时性,考虑成本效益的重要性,谨慎性和实质重于形式对职业判断提出要求,也是会计信息复杂性的根源。

课堂小结与思考

1. 课堂小结

会计信息质量要求这一节在整个"基础会计学"中地位非常重要。会计的直接目标是提供财务信息,为经济决策服务。作为决策依据的会计信息或财务信息,应符合什么样的标准才是高质量的信息,也就是本次课主要讲的会计信息质量要求。本节课强调与学生课前、课内及课后的互动,采用了线上线下相结合的模式,教学效果良好。

2. 思考题

(1) 互联网背景下,大数据、云计算、财务共享以及财务机器人的出现,会对会计信息质量带来什么影响?

(2) KM药业财务造假案例除了违背了可靠性要求,还违背了哪些会计信息质量要求,具体体现在哪些方面?带来了什么样的后果?

案例三

运用新技术进行财产清查,弘扬新时代北斗精神

一、知识点

财产清查的概念;存货的清查方法。

二、育人目标

搜集和财产清查有关的法律法规和相关政策,帮助学生树立法治观念;讲解财产清查方法时,通过分析ZZD案例,让大家感受无人机、北斗卫星导航系统等我国自主研发的高科技产品在完成财产清查任务中发挥的重要作用,大力弘扬"自主创新、开放融合、万众一心、追求卓越"的新时代北斗精神,强化学生的爱国主义情怀。

三、案例内容

(一)北斗卫星导航系统和新时代北斗精神

1994年,研制发展中国独立自主的北斗卫星导航系统,成为这一年国家的重大战略决策。2000年,北斗一号又省又快地构建起兼具定位授时和短报文通信服务的双星定位系统,使我国成为继美国、俄罗斯之后世界上第三个具有卫星导航系统的国家。2012年12月,北斗卫星导航系统正式提供区域服务,北斗系统成为四大全球卫星导航系统核心供应商之一;2017年11月,北斗三号系统首组双星发射;2018年12月,北斗三号基本系统建设完成,向全球提供服务;2019年12月,北斗三号核心组网星座部署完成;2020年6月,

北斗三号全球卫星导航系统星座部署全面完成,为全球用户提供定位导航授时、全球短报文通信和国际搜救等服务。作为我国迄今为止规模最大、覆盖范围最广、服务性能最高、与人民生活关联最紧密的巨型复杂航天系统,中国建设北斗全球卫星导航系统不仅兑现了承诺,还比原定计划提前了半年,成为世界上第三个独立拥有全球卫星导航系统的国家。

2020年7月31日,北斗三号全球卫星导航系统建成暨开通仪式在北京举行。习近平总书记出席仪式,宣布北斗三号全球卫星导航系统正式开通。这标志着我国建成了独立自主、开放兼容的全球卫星导航系统,中国北斗从此站上了服务全球、造福人类的时代舞台。仪式结束后,习近平总书记参观北斗系统建设发展成果展览时强调:26年来,参与北斗系统研制建设的全体人员迎难而上、敢打硬仗、接续奋斗,发扬"两弹一星"精神,培育了新时代北斗精神,要传承好、弘扬好。中共中央、国务院、中央军委也高度肯定了北斗卫星导航系统建成开通的重大意义和辉煌成就,勉励工程全线大力弘扬新时代北斗精神。这是中国航天人在建设科技强国征程上树起的又一座精神丰碑,是与"两弹一星"精神、载人航天精神既血脉赓续、又具有鲜明时代特质的宝贵精神财富。

北斗系统已逐步应用到各行各业,如同水和电一样,成为人们日常生活中不可缺少的必需品。随着北斗三号系统正式开通服务,属于北斗的"全球时代"进一步到来,世界上任何一个地方都能够享受北斗系统开放、免费、高质量的导航、定位和授时服务。每一项功能服务都饱含北斗的特色和中国的情怀,"中国的北斗"已真正成为"世界的北斗"。

(二)无人机

无人机在20世纪最早被应用于空中侦察等军事用途。中国的无人机技术虽然起步较晚,但是也取得了非常优秀的成果。21世纪初,随着全球卫星定位等新技术的涌现以及成本的降低,我国民用无人机开始激增。截至2019年6月底,我国注册的无人机数量高达33.9万架。统计数据显示,我国消费类无人机出口数量占全球无人机出口总量的70%左右,达到120多万架。深圳拥有世界民用小型无人机70%的市场份额,成为全球无人机产品的风向标。深圳还拥有大疆、一电、科比特等300多家无人机企业,年销售总额超过200亿元。

深圳市大疆创新科技有限公司成立于2006年,2012年开创民用无人机行业,如今已发展成为空间智能时代的技术、影像和教育方案引领者。自成立以来,大疆创新科技有限公司创新的业务从无人机系统拓展至多元化产品体系,在无人机、手持影像系统、机器人教育、智能驾驶等多个领域成为全球领先的品牌,以一流的技术产品重新定义了"中国制造"的内涵,对世界民用无人机格局的产生重大影响。航拍主要包括飞行器和影像拍摄器两个核心技术,大疆正是从这两个维度同时着力,取得了国内航拍市场的大半市场份额,以及全世界的民用航拍无人机市场份额的近3/4。这种探索精神,给大疆带来了数百项专利,成为了内地优秀的独角兽企业。① 目前,无人机已在航拍、农业、植保、快递运输、灾难救援、测绘、电力巡检、传媒影视、灭火巡海、新闻报道等多个领域应用。在未来的几年里,无人机还会成为一种更加普遍的劳动工具。

(三)ZZD事件的素材

央视财经——交易时间:《ZZD业绩变脸亏损超6亿元 扇贝死亡上演2.0版》视频,2018年2月22日。

央视财经——第一时间:《证监会详解ZZD财务造假案疑团》视频,2020年06月25日。

---

① 夏冠湘."中国无人机"的成长之路:以大疆无人机为例[J].现代雷达,2021,43(8):2.

央视财经——第一时间:《证监会:对ZZD案作出行政处罚及市场禁入决定》视频,2020年06月25日。

视频内容简介:ZZD公司在2014—2019年期间,扇贝6年逃4次,涉嫌财务造假。2018年证监会启动调查,依托科技执法手段开展全面深入调查,发现其存在三大问题:①操纵财务报表,寅吃卯粮;②抽测数据造假,虾夷扇贝库存成谜;③短时间内业绩大变脸,公司未及时披露;2020年,证监会依法对其信息披露违法违规案作出行政处罚及市场禁入决定,对其给予警告,并处以60万元罚款,对15名责任人员处以3万元至30万元不等罚款,对4名主要责任人采取5年至终身市场禁入。

四、教学设计

(一)课前准备

课前让学生搜集和财产清查有关的最新法律法规制度,帮助学生熟悉相关法规;阅读超星平台中的ZZD案例资料以及相关视频素材,在"学习强国"中观看《科普动漫:北斗卫星导航系统》以及"学习通"中观看《习近平出席北斗三号全球卫星导航系统建成暨开通仪式并宣布正式开通》视频,为案例分析做准备。

(二)课堂导入

组织大家阅读2019年财政部会计司发布的《关于政府会计准则制度实施情况的调研报告》和HT酒业于2018年1月29日发布的《甘肃HT酒业股份有限公司关于成品酒库亏的风险提示公告》,提示大家现实生活中企业和行政事业单位经常采用财产清查这一会计核算方法,从而导入本节课的知识点:财产清查的概念和方法。

(三) 知识讲解与思政要素的融入

1. 财产清查的概念

首先讲解财产清查的概念,然后提问大家搜集了哪些和财产清查有关的法律法规制度,并进行补充,如2021年,李克强签署的国务院令第738号《行政事业性国有资产管理条例》,该条例是我国行政事业性国有资产管理的第一部行政法规。通过搜集相关法律法规,让学生理解财产清查的相关法律法规是全面贯彻"习近平全面依法治国新理念新思想新战略"的重要体现。落实全面依法治国,必须坚持建设中国特色社会主义法治体系,具体到会计行业,应加快完善中国特色社会主义会计法律规范体系,而财产清查相关法律法规是中国特色社会主义会计法律规范体系的重要组成部分;落实全面依法治国,必须坚持全面推进科学立法、严格执法、公正司法、全民守法,具体到会计行业,我们必须了解相关法律才能成为"会计法治的忠实崇尚者、自觉遵守者、坚定捍卫者";启发学生思考"单位进行财产清查的意义或必要性"并进行归纳总结。

2. 存货的清查方法

一是结合ZZD案例,提问大家课前观看北斗卫星导航系统的视频有何感想,讨论它在该案例中发挥的作用。证监会采用北斗卫星导航系统,对ZZD公司27条采捕船只数百余万条海上航行定位数据进行分析,委托两家第三方专业机构运用计算机技术还原了采捕船只的真实航行轨迹,复原了公司最近两年真实的采捕海域,进而确定实际采捕面积,并据此认定ZZD公司的财务造假行为。北斗卫星导航系统民用定位数据的精度在10米以内,能够记录渔船位置、航速、航向等,可用于捕捞作业分析。北斗卫星导航系统为违法行为提供了翔实的证据,ZZD最终受到了证监会的处罚。

二是提问大家课前观看无人机视频有何感想,并让大家阅读"学习强国"中《无人机应用领域不断扩展》的文章,启发大家思考"无人机可以在会计中发挥什么作用",在大家发言之后,展示很多会计师事务所、行政事业单位等部门借助无人机这一高科技手段高效率、高质量地完成了财产清查任务。

课堂小结与思考

1. 课堂小结

通过讲解无人机、北斗卫星导航系统等我国自主研发的高科技产品在完成财产清查任务中发挥的重要作用,让大家了解我国多年来自主创新、追求卓越的发展道路,融入我国自力更生的研发精神带来的民族自豪感,让同学们对于"科技强国""科技自信"有了更深的体悟与切实的体会,强化学生的爱国主义情怀,鼓励大家传承好、弘扬好新时代北斗精神。

2. 思考题

阅读财政部会计司2022年发布的《会计改革与发展'十四五'规划纲要》系列解读之七——贯彻落实全面依法治国新理念新思想新战略 扎实推进会计法治建设,思考各行各业(尤其是会计行业)如何来落实全面依法治国方略。

案例四

奋斗正当时：丰盈人生资产

一、知识点

资产的定义与特征；资产的分类。

二、育人目标

通过结合习近平总书记在纪念五四运动100周年讲话精神，让学生深入理解新时代青年的担当和责任，保持持续奋斗的革命传统，在家国情怀中利用好大学时光，提早谋划人生；利用华为公司逆境中的奋斗史，激发学生在逆境中保持斗志；帮助学生了解相关专业和行业领域的国家战略、法律法规和相关政策，关注现实问题，培育学生经世济民、心系国家与人民的职业素养。

三、案例内容

（一）双碳目标

2020年9月22日，习近平总书记在第七十五届联合国大会一般性辩论上的讲话提出：人类需要一场自我革命，加快形成绿色发展方式和生活方式，建设生态文明和美丽地球。……应对气候变化《巴黎协定》代表了全球绿色低碳转型的大方向，是保护地球家园需要采取的最低限度行动，各国必须迈出决定性步伐。中国将提高国家自主贡献力度,采取更加有力的政策和措施,二氧化碳排放力争于2030年前达到峰值,努力争取2060年前实现碳中和。各国要树立创新、协调、绿色、开放、共享的新发展理念,抓住新一轮科技革命和产业变革的历史性机遇,推动疫情后世界经济"绿色复苏",汇聚起可持续发展的强大合力。

2022年3月5日,李克强在第十三届全国人民代表大会第五次会议上做的《政府工作报告》提出:有序推进碳达峰碳中和工作。落实碳达峰行动方案。……推动能耗"双控"向碳排放总量和强度"双控"转变,完善减污降碳激励约束政策,发展绿色金融,加快形成绿色低碳生产生活方式。

(二)华为品牌相关资料

1. 华为品牌价值

2022年9月22日,世界品牌实验室(world brand lab)根据GYbrand品牌评价模型,从品牌业绩、品牌强度、品牌贡献、品牌基本面等四大维度若干指标,对亚洲2 000多个知名品牌进行评估分析,最终发布了亚洲最具影响力的500个品牌。华为品牌连年上榜居前十之列,经评估2022年华为品牌价值4 055.17亿元人民币。

2. 华为军团组建视频资料

华为心声社区视频,发布时间2021年11月3号、2022年4月3号、2022年5月31号。

视频内容简介:华为公司首先成立煤矿军团、智慧公路军团、海关和港口军团、智能光伏军团、数据中心能源军团五大军团;接着成立第二批军团包括电力数字化军团、政务一网通军团、机场与轨道军团、互动媒体军团、运动健康军团、显示新核军团、园区军团、广域网络军团、数据中心底座军团与数字站点军团十大军团;2022年5月26日,举行第三批军团/系统部组建成立大会,分别为数字金融军团、站点能源军团、机器视觉军团、制造行业数字化系统部和公共事业系统部。

(三)我国大数据发展历史

2015年8月,国务院印发《促进大数据发展行动纲要》(国发〔2015〕50号),提出了全面推动我国大数据发展和应用,加快建设数据强国这一总体目标,并具体明确了五大目标、七项措施、十大工程。2020年4月,《中共中央国务院关于构建更加完善的要素市场化配置体制机制的意见》首次将数据与土地、劳动力、资本、技术等传统要素并列,提出要加快培育数据要素市场。2020年10月,习近平总书记在《国家中长期经济社会发展战略若干重大问题》中提到"健全知识、技术、管理、数据等生产要素由市场评价贡献、按贡献决定报酬的机制"。《国民经济和社会发展第十四个五年规划和2035年远景目标纲要》提出要加快推动数字产业化,在"数字经济重点产业"中,"大数据"排第2位。

2014年,我国首个大数据交易平台——"中关村数海大数据交易平台"启动,同年我国第一家由政府支持成立的交易所类大数据交易机构——"贵阳大数据交易所"也宣告诞生。2017年11月,数据中心联盟大数据发展促进委员会组织编写的《数据资产管理实践白皮书1.0》认为数据资产是企业拥有或控制的,能够为企业带来未来经济利益的,以物理或电子的方式记录的数据资源,如文件资料、电子数据等。2021年3月31日,"北京国际大数据交易所"成立,成为国内首家基于"数据可用不可见、用途可控可计量"的新型交易范式数据交易所。

四、教学设计

(一)课前准备

本节课采用线上线下混合式教学模式,提前让学生在线学习资产要素相关视频及拓展资料,针对以下三个问题"资产是什么""人生的资产应包括哪些""丰盈人生的资产需要怎样奋斗",在讨论区发表自己的观点和看法,并且总结视频讲解中知识点,提出疑问之处。

(二)课堂导入

总结和点评大家在超星平台发表的观点和看法,进而展开本节课的知识点——资产,并切入本案例的主题:奋斗正当时,丰盈人生资产。

(三)知识讲解与思政元素的融入

1. 资产的定义与特征

为了更好发挥学生的主体地位,构建以学生为主体的课堂,采用启发式层层推进深化知识点的掌握。通过课前让学生们总结出资产最核心的特征是能够带来经济利益的流入,反问大家为什么这个特征最重要?什么样的资产能带来经济利益的流入?启发学生除了有形的资产外,像品牌价值这些无形资产也会给企业带来源源不断的利益流入,能计入资产吗?引入大家都非常熟知的华为品牌。

接着分析华为的品牌价值,亚洲品牌 500 强前 10 名,华为品牌评估价值 4 055.17 亿,这样的品牌价值是华为人在复杂严峻形势中得到的认可。为了应对复杂多变的内外部环境,保住品牌价值,华为采取了什么办法呢?插入播放《华为公司2022年3月30日第二批军团组建成立大会》视频,分析华为人组建军团作战的奋斗历程对青年人的影响。提出问题:作为新时代的青年人怎样增加自身的品牌价值?契合习近平总书记在纪念五四运动100周年大会上的讲话精神,青年的人生目标会有不同,职业选择也有差异,但只有把自己的小我融入祖国的大我、人民的大我之中,与时代同步伐、与人民共命运,才能更好实现人生价值、升华人生境界。

2. 资产的分类

讲授这个知识点时,首先,讲解资产的两大分类——流动资产和非流动资产及其具体包括的内容。

其次,为了体现课程与时代发展的相适应,满足高阶性培养目标,引入"数据资产和碳资产"。

(1)数据资产。通过播放清华大学国家金融研究院院长朱民在2022年数字经济高峰论坛上的一段演讲,让学生们理解数据资产核算的必要性,目前数据成为资产存在产权模糊、隐私安全、定价和估值等困难。学生们可以结合自己对App、数据的使用发表看法,讨论如何适应目前的发展。我们进入数字经济时代已成为现实,作为这个时代的青年要适应外部环境的变化,要拓展专业触角,学习Stata软件、Python语言,为自己的人生资产加码。

(2)碳资产。让大家分组讨论:新时代要求坚定不移地贯彻创新、协调、绿色、开放、共享的新发展理念,与绿色发展相关的可能会出现哪些新的资产?从而引入碳资产,让大家阅读会计领域权威期刊《会计研究》中王爱国教授撰写的《我的碳会计观》,查找2019年12月财政部出台的《碳排放权交易有关会计处理暂行规定》,了解目前我国碳资产的账务处理。结合我国已进入低碳转型阶段,作为碳中和目标达成的生力军,美丽中国是大家共同参与、共同建设、共同享有的事业,我们要从自己做起,践行绿色低碳的生活方式,提升社会责任感。

最后，当代大学生不管外部环境如何变化，都应该对自己严格要求，学好专业知识，从各方面提升自己，为国家前途、为人民幸福而奋斗，这样的人生资产才是真正的财富。

课堂小结与思考

1. 课堂小结

本节重点讲述资产的定义、特征和分类，以习近平总书记在纪念五四运动100周年讲话精神贯穿始终，构建以学生为主体的课堂，采用启发式层层推进内化知识点，在讲授中融入华为在逆境中的奋斗路，以及数据资产和碳资产的内容，并启发学生思考在外部环境变化的情况下怎样为人生的资产加码。

2. 思考题

在充分拓展视野的前提下，请各位同学编制一份人生资产的清单，特别是大学期间要取得的人生资产，为个人未来的发展提供指引。

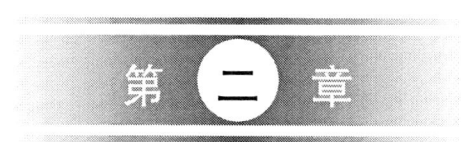

财务管理课程思政案例

【基本情况】

财务管理是会计学专业的一门必修课,主要面向经济管理类专业的学生。课程介绍市场经济条件下,现代企业在资金运动过程中组织财务活动、处理财务关系的管理方法与决策原理,主要包括企业投资管理、筹资管理、营运资金管理、利润分配管理、财务分析与控制、企业兼并等理论与方法。通过该课程的学习,学生具备时间价值与风险价值等基本理财观念,掌握财务决策与企业价值创造的基本知识与基本方法,并能够借助数智技术全面考察企业的财务状况做出正确的财务决策。该课程通过案例教学,培养学生管理决策与财务战略思维,提高学生实践与应用能力,并通过融入思政案例培育学生财商素质,培养高质素应用型财务管理人才。

【教学目标】

★知识目标　理解时间价值和风险价值观念;了解资本结构、股利政策、证券投资组合等理论;掌握报表分析、筹资方式选择与资本结构决策、固定资产投资决策、营运资金管理与利润分配决策等方法及其应用。

★能力目标 理解财务管理原理,具备资金统筹规划使用能力,保证企业资金良好运转,能够组织财务活动、处理财务关系,利用财务预测与决策方法、结合战略思维,提升解决实际财务问题的能力。

★素质目标 了解本课程的理论前沿;具备强烈的责任感和事业心;具备细致、准确、有条不紊的专业素质和心理素质;具备团结协作、有效沟通、共享互助的学习品德和良好的职业道德。

★思政目标 依托财务管理的知识模块,融入社会主义核心价值观,培育大学生财商素质,增强学生的社会责任感、家国情怀与合法理财意识,树立正确的价值观、财富观和消费观,正确、合理、合法地使用专业知识。

案例一

企业的财务管理目标与研发投资

一、知识点

企业财务管理目标;企业创新与可持续发展观。

二、育人目标

通过分析企业对待研发投资的不同态度,使学生理解企业对财务管理目标的不同选择在投资行为中的体现。结合企业财务管理目标的含义与区别、技术创新与可持续发展的内涵等知识点,启发学生认识到企业的营利性不是唯利是图,在财务管理工作中应坚持以长期价值最大化为目标,遵循可持续发展观、持续进行技术创新投资,树立投资决策的长远眼光与战略全局观念,并增强自主创新意识与民族责任感。

三、案例内容

(一)商汤科技的高研发支出与市场估值

1. 商汤科技的近期利润与研发支出情况

商汤科技是一家行业领先的专注于计算机视觉软件的人工智能软件公司,公司坚持技术创新和突破,近年来发展较快,于2021年12月30日成为港股市场上市的第一家AI企业,创下全球人工智能领域规模最大的IPO。

2022年3月25日,商汤科技披露上市后的首份年报业绩,2021年实现营收47亿元,同比增长36.4%,毛利率为69.7%。尽管营收增长,亏损额也较为惊人,经调整后亏损净额为14.2亿元,同比上升61.5%。

商汤科技从2019—2021年利润均为负值,可预期的2022—2023年利润也将为负,但商汤一直保持着行业领先的研发投入水平(表2-1),过去4年累计研发投入超80亿人民币。尤其2021年商汤总营业收入47亿,却豪掷30.6亿元投入研发,占收入的65.1%。商汤管理层表示,2023年仍将保持行业领先的研发投入。

表2-1 商汤科技营业收入与研发支出情况

指标	2019年	2020年	2021年	2022年	2023年
营业收入(百万元)	3 026.6	3 446.2	4 700	6 117	8 282
营业收入增长率	63.3%	13.9%	36.2%	30.14%	34.9%
营业成本(百万元)	1 307	1 014	1 423	1 751	2 183
毛利率	56.78%	70.57%	69.7%	71.37%	73.64%

续表 2-1

指标	2019年	2020年	2021年	2022年	2023年
研发费用(百万元)	1 616	2 454	3 614	4 387	4 717
研发费用率	53.39%	71.2%	76.89%	71.71%	56.96
净利润(百万元)	−4 973	−12 159	−17 140	−2 726	−1 554
市销率(P/S)	60.7	53.3	39.3	38.7	20.9

2. 高研发支出带来价值效应

在持续的高额研发支出下,商汤科技也取得了极大的技术进步,公司研发人员每人年均生产的商用模型数量从 2019 年 0.44% 提高到了 2021 年 5.94%,企业生产效率不断增加,公司得以减少生产人工智能模型的边际成本并加快收入增长,对公司未来实现盈利起到重要的推动作用。

尽管商汤科技的利润持续为负值,但却一直受到投资者的青睐,股价持续上涨,资本市场也逐步认可公司作为 AI 计算机视觉软件的龙头地位。根据市场多家分析师预期,商汤科技未来有高于同行的价值表现,如与以下几家可比公司的 PS(市值/销售收入)估值相比(表 2-2),商汤科技遥遥领先。这说明,投资者与资本市场非常看好商汤科技的价值表现,商汤科技高研发支出具有较高的价值效应。

表 2-2 可比公司的 PS 估值

代码	公司	股价(元)	市值(亿元)	营业收入(亿元)			PS(倍)	
				2021年	2022年	2023年	2022年	2023年
688327	云从科技	22.98	170	10.76	16.35	24.82	10	7
688256	寒武纪	61.11	245	7.21	10.24	15.16	24	16
688088	虹软科技	30.90	125	5.73	6.86	9.13	18	14
00020	商汤科技	2.19	733.81	47.0	61.67	8 282	38.7	20.9

(二) OKS 空调衰亡原因：技术的原地踏步

OKS 空调成立于 1994 年，是国内最早引进国外先进生产线以及技术的企业，产品定位中低端，主打高性价比。2018 年 OKS 迎来辉煌时刻，在电商市场独揽 40% 份额，不过，OKS 未能将优势延续下去。2019 年 OKS 空调线上排名从第一跌至第四，2020 年 OKS 在市场的份额已经不足 7%，发展势头开始一蹶不振。

在对 OKS 失败原因的讨论中，其制造能力差且长期不重视技术创新是被一直诟病的主要因素。OKS 一直使用国外生产线制造，没有核心技术，压缩机等核心设备全部外采，对供应商依赖较大。近些年在空调产品质量稳定的背景下，消费者更注重使用体验，其他竞争对手都在大力投入研发，积极应用互联网技术为用户升级产品做准备，如海尔、美的、格力都在发展高端新风空调，加速丰富智能硬件设备，以高端产品带动营收增长，而 OKS 却没有进入智能家居赛道的打算，仍然坚定不移地走中低端路线。OKS 空调 2018 年研发费用 62 479.24 万元，营业收入 3 259 466.55 万元，研发投入占比 1.9%，同期格力电器的研发投入占比 3.67%。

缺乏技术优势、没有技术壁垒，OKS 的产品只能靠低价生存，削减设计生产成本和售后服务成本。非理性成本削减是饮鸩止渴的做法，严重影响企业的产品质量和客户评价。

(三) 华为强大的秘诀：高研发投入与科技领先

华为投资控股有限公司创立于 1987 年，是全球领先的信息与通信技术（ICT）解决方案供应商。华为公司自创立起一直十分重视技术研发，2022 年中国企业联合会发布的中国企业 500 强榜单中，华为公司以 1 426.66 亿元占据中国公司研发投入的榜首，同时也是全球前三。在长期高研发投入下，华为在多方面都取得了技术领先,2018 年,沃达丰和华为完成首次 5G 通话测试,2019 年自研设计出麒麟芯片,开发出鸿蒙操作系统和欧拉开源系统,并实现万物互联。截至 2021 年年底,华为全球共持有有效授权专利 4.5 万余族(超过 11 万件),90% 以上为发明专利,在中国国家知识产权局和欧洲专利局 2021 年度专利授权量中均排名第一。2022 年华为以 99 000 个专利数,在中国企业发明专利数排名中排名第一。华为是中华民族的骄傲,长期高研发投入带来的技术领先优势,将华为从"稳健经营"阶段顺利带入"高质量发展"阶段。

(四)中国制造迈向中国创造

制造业是立国之本、强国之基,高度重视且切实加快科技创新,是中国从制造业大国向制造业强国转变的唯一路径。工信部数据显示,10 年来,中国制造业增加值从 2012 年的 16.98 万亿元增加到 2021 年的 31.4 万亿元,占全球比重从 22.5% 提高到近 30%,持续保持世界第一[①]。我国制造业研发投入强度从 2012 年的 0.85% 增加到 2021 年的 1.54%,专精特新"小巨人"企业的平均研发强度达到 10.3%,在制造业综合实力持续提升的同时,中国的产品竞争力也显著增强,中国制造向中国创造迈进的步伐明显加快[②]。

四、教学设计

(一)课前准备

案例资料准备:课前通过线上发布相关案例资料,引导学生浏览相关网

---

① 裴昱. 制造业迈向价值链中高端 中国强化关键核心技术攻关[N]. 中国经营报,2022-08-01(A04).
② 张辛欣. 专精特新企业平均研发强度超 10%[N]. 新华每日电讯,2022-07-27.

页、新闻、研报与公司公告等资料。知识内容准备:有关企业财务管理目标、研发投资特征、可持续发展观等内容的知识点总结与课件制作。

(二)课堂导入

引入讨论话题:企业财务管理的目标是利润最大化还是企业价值最大化?研发投资可能对企业短期利润产生什么影响?可持续的科学发展观要求的投资行为应该怎么做?对增加当前利润无益的长期研发支出,企业该不该持续进行投资?

(三)知识讲解与思政元素的融入

1.利润最大化与价值最大化的财务管理目标

首先,通过理论讲解法解读企业财务管理的目标,解释利润最大化与企业价值最大化的区别及其对企业投资决策的影响。

(1)企业财务管理目标是企业理财活动希望实现的结果,是评价财务管理决策是否合理的基本标准。

(2)利润最大化目标只反映企业新创造的财富,没有考虑利润实现的时间、风险与持续性,往往会使企业投资决策带有短期倾向。利润最大化只是对经济效益浅层次的认识,存在一定的片面性。

(3)企业价值最大化目标是指企业采用最优的财务政策,充分考虑资金的时间价值和风险与报酬,在保证企业长期稳定发展的基础上,使企业总价值达到最大。其基本思想是将企业长期稳定发展摆在首位、强调在企业价值增长中满足各方利益关系。

然后,通过提问学生企业应该选择什么样的财务目标,引导学生思考利润最大化的局限性与提升企业价值正确思路,企业应摈弃追逐短期利润、忽视长远收益的错误导向。

（1）企业的营利性并不意味着"唯利是图"，利润不应是一个企业和商业活动的最终目的。商汤科技的近期利润为亏损，然而仍然坚持巨额的研发费用支出，说明其不是以利润最大化为财务管理的首要目标。研发支出虽然短期内是利润为负的主要因素，但是能带来长期的竞争优势，坚持研发支出是企业价值最大化财务管理目标的体现。

（2）利润并不是企业行为与投资活动的原因与合理性依据，而是有效决策的一种结果。资本市场与投资者也不是以利润额为唯一的价值决定因素，从案例中可以看出，市场对企业的估值，与短期的亏损并没有太大关系，高额研发带来的技术优势提升了企业的价值，获取利润提升将是基于企业价值最大化决策的必然结果。

2. 企业科技创新与可持续发展观

首先，通过理论讲解法讲述可持续发展观的含义以及对企业投资决策的影响，并引出技术创新投资中的困惑与矛盾点。

（1）可持续发展观是科学发展观的核心内容，是指在资源相对有限的环境下，人类的全面发展应既满足现代人的需求，又要以不损害后代人满足需求的能力为前提。可持续发展观在企业财务管理目标上的体现，即企业不能追求短期利润而牺牲长远发展利益。

（2）企业技术创新是指企业将一定的创新资源转化为新知识和新技术，形成新产品与新服务等创新成果，进而市场化并从中获取商业价值的过程。技术创新投资一般金额较大、期限较长、风险较高。企业技术创新是企业发展的根本和企业竞争优势的重要来源，是企业可持续发展的重要保障。

（3）研发投资比一般投资活动具有更大的收益不确定性和风险性。企业投入巨大的人力、物力与财力，若开发成功，设计出了新的产品、形成了新的技术，构成企业的一项自创无形资产，若开发失败则成为企业的一项沉没成本。研发支出会对企业短期利润造成不利影响，但又是企业构建长期竞争力的必要投资。

然后,结合可持续发展观,强调研发投资与技术进步等长远收益的重要性。

(1)企业持续加大科技创新投入,不断增强企业核心竞争力,才能做大做强市场,保持行业领先地位。企业投资决策应突破利润目标的局限,不能为了减少成本支出,而不进行风险较高、投资规模较大的技术研发投资。

(2)深入落实科学发展观,在短期利益与长期发展的抉择中,企业管理人员应坚持可持续发展观,片面追求利润的短期行为与企业的长期发展战略相违背。OKS空调的案例告诉我们,没有技术领先长期优势,单纯依赖成本节约带来的利润增长,是不可持续的。

(3)引导学生树立自主创新意识与民族责任感,中华民族的伟大复兴需要强大的科技力量作支撑,企业应为中华民族塑造科技过硬的世界品牌而努力,作为未来的财务管理人员更需下定决心、立足长远,摈弃急功近利的投资理念,加大科技研发投入力度,提升民族核心竞争力。

课堂小结与思考

1. 课堂小结

本节课重点讲述了企业财务管理目标的不同选择在"研发投资决策"中的体现及其对企业长期发展的意义。研发投资金额较大、风险高、回收期又比较长,可能违背近期"利润最大化"的目标,但却是达到"企业价值最大化"的必然选择,只有在投资决策中具备长远眼光、遵循可持续发展观,企业才能得以持续发展。

2. 思考题

提升企业的持续发展能力是企业价值最大化的重要保证,请从企业财务管理方面谈一下,企业的持续发展能力具体体现在哪几个方面?

案例二

懂理财有财商,远离"套路贷"

一、知识点

资金时间价值与实际利率;资金成本概念与计算。

二、育人目标

通过本案例的学习和讨论能够帮助学生理解资金时间价值的含义与计算,理解实际利率与名义利率的区别,掌握资金成本和实际利率的计算方法,提升财务管理能力、金融风险意识、法律意识、财产安全意识,建立健康的消费观与金钱观,避免陷于非法"套路贷"与"高利贷"陷阱。

三、案例内容

1. "校园贷"与"套路贷"的危害

近几年,高校学生的"消费攀比"之风日渐盛行,手机、旅游、美容、服饰等消费需求日益高涨,但是大学生又没有独立的收入来源,贷款消费成了一部分学生的选择。各类"校园贷""套路贷"利用在校学生的认知能力较弱、缺乏安全防范意识等情况,引诱学生陷入不良贷款的陷阱。

这些针对学生的借贷产品五花八门,包括分期购物平台(部分还提供较低额度的现金提现),大学生助学和创业贷款平台,阿里、京东、淘宝等传统电商平台提供蚂蚁花呗、京东白条等消费金融服务，甚至还有些小的网贷机构提供"美容贷""培训贷"等贷款服务，还有一些不法分子利用网贷产品，搞起了"套路贷"等诈骗活动。所谓"套路贷"即贷款人假借民间借贷之名，以迷惑性利息计算机制诱惑借款人过度消费，诱使或迫使借款人签订"借贷"或变相"借贷""抵押""担保"等相关协议，通过虚增借贷金额、恶意制造违约、肆意认定违约、毁匿还款证据等方式形成虚假债权债务，非法占有借款人财产。

这些贷款项目的低门槛与资金的易获得性，吸引了大量青年学生的青睐。如某大学生因想买一部最新款的手机，在线上平台顺利办理了5 000元贷款。后来，因无法按期归还贷款，导致利息越来越高，短短6个月贷款从5 000元增长到十几万元。直到恐吓短信接连出现在家人、朋友的手机上，该学生才在父母的帮助下选择报案。公安机关调查发现，该公司一年内竟然"套路"了700多名在校大学生。

"套路贷"不仅直接侵害被害人的合法财产权益，而且其采取的暴力、威胁、虚假诉讼等索款手段又容易诱发其他犯罪，甚至造成被害人辍学、自杀等严重后果。如2019年，甘肃一起特大"套路贷"案，受害者多达89万人，其中30余人因逼债催收自杀身亡。

2."校园贷"与"套路贷"的常用手法

不论哪种类型的"校园贷"，都存在相似甚至相同的特点，即无需任何担保、无需任何资质、只需要提供身份证和个人信息就可以取得相应资金[①]。不良"校园贷"的惯用手法主要有：

（1）以零利息做诱饵。"校园贷"往往谎称贷款产品功能与信用卡类似，就是分期购物和贷款。而且办理程序特别简化，只要大学生持身份证或学生证就可以办理，无需任何担保，门槛非常低，而实际上一旦签了合同就如同上

---

① 周品菁，李云飞."套路贷"案件中套路识别分析[J].法制博览，2022(23)：14-16.

了贼船,后果不堪设想①。

(2)利息计算陷阱。很多网贷平台采取迷惑性的利息表述和计算方式,引起客户的误解。如某"现金贷"的广告声称:"日息万五"或"月利率1.5%",而年化利率并非 $0.05\% \times 365 = 18.25\%$,可能根据计息次数与还款方式的不同,实际利率会提高。如果按月计息的话,实际利率 $=(1+1.5\%)^{12}-1=19.56\%$;如果按天计息的话,实际利率 $=(1+0.05\%)^{365}-1=20.02\%$。如果要求贷款人在一年内等额分期偿还,实际利率还会因为实际可用资金的减少而增加。

(3)逾期高利息。网贷公司为了吸引客户,合同内容往往隐藏那些对贷款人不利的条款,只强调制定还款期内的低利率,而对逾期后的高罚息说的含糊不清,很多大学生缺乏应有的法律与财务敏感意识,注意不到这些不利条款。如南昌市某大学生从一笔2 300元的贷款开始,短短的2个月时间,她就被逼还10万元。

(4)隐瞒资费标准与附加条件。除了逾期滞纳金、违约金之外,一些不良校园网贷平台还会刻意隐瞒或模糊其他附加条件,比如要求贷款人购买人身保险、强制消费、提交裸照、保证书等。

(5)暴力催收欠款。不良网贷公司经常采用不文明的催收手段,给借款学生造成极大心理压力。比如"关系催收",平台把逾期信息告知该学生的关系圈,严重干扰和伤害了借款学生,甚至发生身体暴力、非法拘禁、暴力伤人等事件。

3."套路贷"的法律定性

"套路贷"本质上是一系列以借贷为名,骗人钱财的违法犯罪活动,犯罪嫌疑人以非法占有为目的,假借民间借贷之名,虚构事实,隐瞒真相,与被害

---

① 福州警方破获一起以"零首付"为噱头的套路贷案件[J].中国防伪报道,2022(6):93.

人签订"虚假、阴阳借款合同"等明显不利于被害人的各类合同。一般情况下主要以《刑法》第五章侵犯财产类犯罪追究刑事责任,根据具体情况定性为诈骗、抢劫、敲诈勒索、非法拘禁、虚假诉讼等多种犯罪。如果按照普通诈骗罪立案侦查,3 000~10 000元以上就是立案标准。

根据《最高人民法院关于审理民间借贷案件适用法律若干问题的规定》,"高利贷"借贷双方约定的利率超过年利率36%,超过部分的利息约定无效。根据《关于办理黑恶势力犯罪案件若干问题的指导意见》,"套路贷"合同无效,本金和利息都不受法律保护。非法贷款机构实施故意伤害、非法拘禁或者滋扰被害人及其近亲属正常生活行为,符合故意伤害罪、非法拘禁罪、寻衅滋事罪、非法侵入他人住宅罪、虚假诉讼罪的构成要件的,可以追究刑事责任[①]。

四、教学设计

(一)课前准备

案例资料准备:通过在线课堂或其他线上方式提供案例相关资料、网页链接,引导学生思考网络贷、套路贷的陷阱与漏洞。知识内容准备:资金时间价值的含义与计算、借款实际利率的计算、资金成本概念与计算等知识点的相关学习资料准备与课件制作。

(二)课堂导入

引入讨论话题:为什么看起来利息率比较低的网贷产品,却让那么多学生陷入还贷风波?如何识别"网络贷"与"套路贷"的欺骗性?"套路贷"与不

---

① 张霄."套路贷"的刑法规制问题探析[J].法制博览,2022(23):145-147.

良"校园贷"的条款中可能隐藏哪些欺骗性计息方式？如何利用专业知识，警示同学们免于陷入"套路贷"？

（三）知识讲解与思政元素的融入

首先，带领学生学习资金时间价值的含义与计算方法，通过计算体会计息期与实际利率之间的关系，认识负债筹资的资金成本及其影响因素。

（1）资金时间价值。时间价值原理揭示了不同时点上资金价值的换算关系，借贷资金取得和偿还之间的时间跨度，是计算利息与本金还款责任的重要因素。本案例涉及资金时间价值的概念、复利计息、年金终值与现值计算等知识。

（2）贷款实际利率。贷款人承担的实际利率与合同名义利率并不相同，贷款实务中影响实际利率的情况有：①计息期短于一年，由于计息次数增加会增加实际利率；②信用条款中关于周转信贷承诺费、补偿性余额等规定，实际上增加了资金使用费；③利息与本金的偿还方式，比如贴息方式、本金等额偿还方式，相当于减少了资金的实际使用额，增加实际利率。④其他附加手续费、保险费、承诺费等规定，都增加了资金使用的实际代价。

（3）资金成本。资金成本是指企业筹集和使用资金的代价，从绝对数量的构成来看，包括资金筹集费用和资金使用费用两部分。虽然用资费用是资金成本的主要部分，但贷款人也不能只关注利率因素，签订贷款合同环节额外缴纳的信息费、人身保险费、承诺费，都增加了实际负担的资金成本。更有甚者，一些不良贷款机构要求提供的社会关系、个人裸照等，增加了资金使用的无形成本，这些成本可能是贷款人无法承受的。

然后展开讨论，引导学生思考"套路贷""高利贷"等筹资方式蕴含的风险因素，如何利用所学理财知识识别这些不良贷款中的陷阱，最后总结大学生应该树立怎样的价值观、消费观与财富观。

（1）大学生应提高财商素质与风险意识，提升财务管理能力。资金时间价值的专业知识，帮助学生理解复利计息的原理，发现隐藏在贷款条款下的计息陷阱，避免承担过高的贷款成本。实践中，贷款人应认真审核借款合同，并核实相关经办人员的身份信息，避免签订与实际借款金额不符的借款合同以及合同中重要条款的空白。

（2）大学生应树立理性的消费观与财富观。学生要有自强自立精神、自律能力，在学生时代就应该艰苦朴素、努力奋斗、抵制诱惑，建立实事求是的消费理念，摒弃超前消费、贷款消费、攀比奢侈等不良风气，要量入为出、理性消费，树立合理的消费观与财富观。

（3）大学生应强化法律意识，勇于发现、揭发非法的贷款平台与金融服务，用专业知识帮助身边的人，避免上当受骗。受害人遭遇"套路贷"时，或遇有黑恶势力上门索"债"者，可及时报警，保存好相关证据提供给公安机关。

（4）大学生应注重个人信用维护。很多人因个人信用"透支"严重，争取不到正规来源的资金，才选择这些高风险的贷款，最后陷入更大的麻烦。随着金融科技与个人征信市场的发展，个人的金融信用、社交信用、消费信用、职场信用都将成为个人征信的重要资源，对未来的生活和工作产生重要影响，因此大学生一定要做好个人财务规划，避免出现不良的消费与借贷记录。

课堂小结与思考

1. 课堂小结

本节课通过讲授资金时间价值与资金成本的计算，帮助学生识别"套路贷"中的利息计算陷阱，通过讲述有关"套路贷"的法律规定，提高学生的理财意识、风险意识，培养学生的财商素质与合理的消费观、财富观与价值观。

2. 思考题

如果有同学打算申请网贷,你该从哪些方面帮助同学识别贷款项目是否存在陷阱?如何劝说同学远离不良贷款?

案例三

警惕"元宇宙"非法筹资

一、知识点

资金筹集方式;企业筹资的合法性原则。

二、育人目标

通过本案例的学习和讨论能够帮助学生了解企业筹资方式,理解企业筹资的合法性原则。作为投资者,要能够识别现实中的非法集资现象,认识"旁氏骗局"、传销等资金运动的本质,树立金融风险意识,避免决策失误;而作为筹资企业者应选择合法的筹资方式,认识到非法集资的法律责任与严重后果,强化遵纪守法意识,维护投资者合法权益。

三、案例内容

1. 元宇宙筹资的犯罪手法

元宇宙的发展还处于早期阶段,很多人对这个科技概念并不十分了解。打着元宇宙旗号的非法企业,已经开始利用隐蔽的电脑游戏、虚拟货币等手段,加深投资者对元宇宙的误解,通过包装的"杀猪盘""资金盘"等骗局,实施非法的公开筹资犯罪活动。投资者若未能及时发现投资风险,很容易掉进不法分子提前设计好的陷阱当中。如2022年6月初,陈女士经好友推荐,对"元宇宙概念商城"中虚拟画作进行交易。她被好友拉入群中,在"群主"的指导下,以1 369元的低价买入一幅画作然后以2 080元售出,除去商城60元的上架费,陈女士第一笔业务就赚了651元。接下来一个月时间,陈女士购买了大量的虚拟商品,但一直处于滞销状态,每天还要缴纳上架费,最后陈女士才醒悟自己被骗了,前往派出所报案。

2021年12月13日下午,央视财经频道发布了《警惕"元宇宙"骗局 专家:部分区块链游戏名靠元宇宙实为诈骗》的新闻,视频中曝光了陕西某公司提供元宇宙区块链游戏的投资服务,宣称可以"边玩游戏边赚钱",该公司收取投资者人民币后兑换虚拟币,供其在游戏中购买装备投资,装备投资回本周期约在22~40天,投资人初期需缴纳6 000元入场费,最低投资额为2万元,期间还需支付每月投资收益的20%的托管费。央视财经记者发现,无论何种形式的元宇宙区块链游戏,都需要用户将人民币兑换成虚拟货币,进行虚拟世界的投资,实际上只是拿后入场的人支付的资金来填补窟窿,是打着元宇宙旗号的一种新型骗局。

2. 元宇宙筹资项目的法律风险

2022年2月18日,中国银保监的官网发布了《关于防范以"元宇宙"名义进行非法集资的风险提示》[①]。提示以"元宇宙投资项目""元宇宙链游"等名目吸收资金的犯罪手法主要包括:编造虚假元宇宙投资项目;打着元宇宙区块链游戏旗号诈骗;恶意炒作元宇宙房地产圈钱;变相从事元宇宙虚拟币非法谋利。以"元宇宙"名义的各类项目,可能涉嫌非法集资、诈骗、洗钱、领导

---

① 罗知之.银保监会:防范借"元宇宙"名义非法集资[J].上海商业,2022(2):5.

或组织传销等9类违法犯罪活动。

元宇宙筹资一般是以虚拟货币资产或虚拟货币的代币为筹资标的物的筹资活动,而所谓"虚拟货币",本质上是一种未经批准非法公开筹资的行为,涉嫌非法发售代币票券、非法发行证券以及非法集资、金融诈骗、传销等违法犯罪活动。而最终,投资"元宇宙"项目的参与人还是需要支付法定货币,难逃财产损失。对此,2017年央行《关于进一步防范和处置虚拟货币交易炒作风险的通知》就明确指出,虚拟货币相关业务活动属于非法金融活动,如投资虚拟货币及相关衍生品,违反《中华人民共和国民法典》规定的违背公序良俗的,相关民事法律行为无效,由此引发的损失应由其自行承担。

四、教学设计

(一)课前准备

案例资料准备:课前发布关于元宇宙技术发展现状、元宇宙非法筹资的案例资料与新闻报道,引导学生思考企业筹资的合法性原则在现实中的体现与要求;知识内容准备:关于企业筹资方式与筹资原则、虚拟货币业务相关的法律法规等的相关知识点汇总与课件制作。

(二)课堂导入

引导学生思考企业筹资有哪些方式?企业非法集资的现象有哪些?在智能技术快速更新的时代,对于新概念、新事物与新筹资项目,筹资企业应该如何避免财务行为的法律风险?投资者如何识别非法筹资、避免财产损失?

(三)知识讲解与思政元素融入

首先讲述企业筹资的目的与主要方式,并强调企业合法筹资的重要性,使学生对企业正常的、合理的筹资方式有一定认知。

（1）长期筹资是企业的基本财务活动，是企业扩大经营规模和调整资本结构所必需的财务行为，企业筹资必须遵守合法性、效益型、合理性、及时性等原则。

（2）筹资方式是指企业具体通过何种方式取得资金，主要可分为权益性筹资与债务性筹资方式。不管采取何种筹资方式，都应考虑给予投资者相应的回报，世上没有无源之水，生意中更无无本之利，利用虚假项目、虚假商品、虚假承诺，筹集资金的法律风险不可避免。

（3）企业筹资的合法性原则要求，企业筹资行为和筹资活动必须遵循《公司法》《证券法》《企业财务通则》等国家的相关法律法规，依法履行法律法规和投资合同约定的责任，依法披露信息，维护各方的合法权益。

其次在讲述案例内容之后，向学生提问：企业筹资活动如果不遵守法律要求会有什么后果？在虚拟货币、元宇宙等一些新业务产生时，企业如何决策才能规避法律风险？作为投资者如何识别企业非法筹资行为？如何加深学生对筹资合法性原则的理解？

（1）企业应确保筹资途径与筹资方式合法，不得利用互联网打着元宇宙的旗号非法筹资。行为人采用虚构事实、隐瞒真相的方法非法占有社会不特定公众的资金，在法律上可定性为非法集资罪。一些中小企业利用互联网筹资平台投资门槛较低、投资程序便捷、高额收益利诱等优势，在较短时间内吸引大量的投资者，筹资过程未完全遵循法律要求，相关合约也不完备，投资者的权益得不到保证。企业应避免采用此类法律风险较高的筹资方式。

（2）企业筹资应保证筹资目的合法，确保集资范围合法。企业所筹资金应用于合法的生产经营，不得用于个人肆意消费，不可出于非法目的或者个人私用吸收公众存款进行筹资。企业发动员工集资，也需要审慎控制，如若蔓延至社会公众，则极有可能触碰非法集资的红线。

（3）投资者应努力理解元宇宙的实质，擦亮双眼，仔细辨别"真伪元宇宙"，严格遵守法律法规要求和政策导向，拒绝参与代币发行筹资及虚拟货币炒作等一切非法金融活动。特别要警惕那些打着元宇宙旗号的非法筹资、欺诈、传销项目，不要被高收益的噱头蒙蔽，掉入传销诈骗与庞氏骗局的陷阱。

（4）对于亲友参与虚拟货币交易，要及时告知其行为的违法性及可能面临的经济损失。对于他人采取诱骗、虚构事实等手段导致违背个人真实意愿参与投资，造成财产、人身损失的，应及时向公安机关报案，维护自身的合法权益。

课堂小结与思考

1. 课堂小结

本节课主要通过结合近期频发的各种元宇宙筹资骗局，讲授企业筹资原则中的合法性要求，从企业与投资者两个方面提出相关思政要点。筹资企业应遵纪守法，保证筹资手段、筹资目的与资金用途等各方面符合法律要求，不使用那些存在法律风险的互联网金融创新方式；投资者应增强法律意识、风险意识，须警惕虚拟房产、虚拟货币的投机炒作风险。

2. 思考题

元宇宙非法筹资的非法性体现在哪些地方？投资者应如何识别非法筹资？企业的筹资活动应如何避免法律风险？

案例四

鸿星尔克"捐赠支出"的价值创造效应

一、知识点

利益相关者理论;企业社会责任与价值创造。

二、育人目标

企业发展离不开社会环境中各利益相关方的投入,企业履行社会责任的经济效益与社会效益并不矛盾。通过本案例的学习和讨论,帮助学生理解企业履行社会责任的重要性;掌握企业价值评估方法的应用,理解企业捐赠支出对企业的收入、利润、企业价值以及经营发展的影响;提升财务管理能力,在投资决策中注重经济效益和社会效益的矛盾与协调。

三、案例内容

1. 慈善捐赠引发"野性消费"

2000年6月8日,鸿星尔克有限公司在厦门正式成立,2005年11月14日在新加坡成功挂牌上市,成为业内首批海外上市的运动品牌。鸿星尔克曾于2011年获得"中国最具社会责任感企业"称号,多年来一直坚持在社会责任方面的投入,2008年汶川地震,第一时间向灾区捐赠600万元;2015年尼泊尔大地震,组织筹备物资共320万元;2018年通过"鸿星助力·衣路有爱"的主题助残捐赠项目确定在2年内提供6 000万元的爱心物资。

2021年7月20日,河南省遭遇特大暴雨,鸿星尔克通过郑州慈善总会、壹基金捐赠5 000万元物资驰援灾区,这一新闻当晚在微博热搜登顶,并登上抖音热榜第2位。在48小时内,鸿星尔克先后登上了今日头条、知乎、哔哩哔哩及百度等各个平台的热门榜。鸿星尔克在销量不佳、利润亏损的情况下依然勇于承担责任的形象让大家与这个民族品牌产生了共鸣。许多人选择用实际行动支持这家企业,企业微博账号被网友充值了120年的会员,微博评论中较多网友为产品设计出谋划策,其旗下产品在抖音、淘宝的直播间和线下门店被消费者"野性消费"。

根据京东在7月23日发布的报告,鸿星尔克当日销售额同比增长超过52倍。根据同花顺财经数据显示,鸿星尔克抖音直播间2日(23~24日)累计销售额超过1.3亿元,7月份销售额从6月份的不足100万元增至1.6亿元。亚马逊新品畅销排行榜7月26日数据显示,鸿星尔克登顶亚马逊女士休闲运动鞋新品销量榜榜首。在登上热搜后约短短4天里,鸿星尔克就库存告急,暂时关闭直播间并抓紧安排发货相关事项。

2. 鸿星尔克品牌价值攀升

作为一个国产运动品牌,在爱心捐赠引发的"野性消费"事件之前,鸿星尔克还不是大众心中的一线品牌,很多人对这个企业并不熟悉,甚至还有很多人以为鸿星尔克快要倒闭了。在过去的近十年内,鸿星尔克的发展之路相当坎坷。2008年北京奥运会结束之后,过于乐观的经营预期,导致大量的库存积压。2012年向生活时尚品牌转型,但因知名度和时尚形象无法与优衣库等国际快时尚品牌竞争,最终宣告失败。2015年一场大火烧毁了鸿星尔克近一半的生产设备。2016年重新回归运动品牌调性,但终因产品定位不符再次失败,2020年鸿星尔克宣告退市。

在这期间与其他国产品牌相比,鸿星尔克的销售收入和销售净利率一直较低。以安踏为例,2020年安踏总收入355亿元,同比增长4.7%,净利润达到51.62亿元。相比之下,鸿星尔克同期收入仅为28.43亿元,净利润仅为-2.2亿元,然而,即使是在这样的情况下,鸿星尔克依然在2021年河南水灾期间,捐赠了与安踏同等价值的物资。

此次"野性消费"热潮为鸿星尔克带来了新的生机,消费行为传递了群众的爱国情怀以及正能量的价值观,鸿星尔克在爱国主义、家国情怀和公益事业的加持下,迅速成为新的"国货之光"。在《中国500强最具价值品牌排行榜》中,鸿星尔克的品牌价值跃居运动品牌第二位,品牌价值达到400.65亿元,仅次于安踏(507.93亿元),力压李宁(327.12亿元)与361°(181.52亿元)。一度淡出大众视野的鸿星尔克品牌迅速成为焦点,品牌的认知度、美誉度极大提升,消费者对品牌的偏好度、认同度、忠诚度也随之攀升,一家"快要倒闭"的企业,因为一次积极承担社会责任的行为而起死回生。

四、教学设计

(一)课前准备

案例资料准备:课前发布关于鸿星尔克捐赠支出与消费者"野性消费"的案例资料、相关网页、新闻与研报。知识内容准备:企业利益相关者、企业社会责任、企业价值含义及其影响因素等知识点的学习资料和课件制作。

(二)课堂导入

课堂上提出问题,企业的利益相关者都有哪些?企业对于社会是否应有回报责任?关于企业是否应履行社会责任,向来有企业利益和社会利益相冲突的争论。有些人认为企业是以盈利为目的的经济主体,社会责任的履行对企业来说是一种成本。对此向学生提问"你怎么看待这个问题",抛出问题,引出矛盾点。然后展开案例讲述,通过分析鸿星尔克的成功案例,引导学生进一步思考企业履行社会责任对企业品牌形象与企业价值的正向影响。

(三)知识讲解与思政元素融入

1. 利益相关者理论与企业履行社会责任的必要性

首先讲述何为利益相关者以及企业的利益相关者有哪些方面？分别与企业有什么利益交换？从社会学、经济学、法学等角度，引导学生思考企业回报社会的必要性。

(1)基于利益相关理论，在企业发展中，包括股东在内的所有利益相关者都对企业注入了一定的专用性投资，同时也分担了企业的经营风险，或是为企业的经营活动付出了代价，因而都应该拥有企业的某种索取权。

(2)基于资源依赖理论，企业的存在是社会系统中的一环，企业不可能仅依靠内部资源就能实现正常运营，企业必须通过利用公共基础设施、市场秩序和市场机制才能完成价值增值过程，支付给所利用源合理的费用也是理所当然的。比如，企业与社区、环境、劳动者等其他的利益相关者存在资源交换关系，因此企业也应该给予外部的利益相关者相应的利益回报。

(3)从产权理论角度，企业的存在还是公民权利让渡的结果。企业的经营权并非天意神授，企业应该是在公意转让权利基础上成立的组织机构，企业履行责任是其认知到自身与公众存在依存关系并自觉维系好这种关系的表现[①]。

(4)从法学角度看，企业法人也是社会公民，除了承担"经济人"的角色外，还应承担具有责任感的"社会人"角色，应该以符合商业伦理道德的行为积极回馈社会。

在理论上论证了企业社会责任的合理性与必要性之后，升华企业的价值

---

① 甲鲁平,倪文豪.从鸿星尔克事件看新时代企业社会责任的履行[J].现代商业,2021(35):27-30.

观塑造的意义,向学生传递企业经营的责任担当意识与造福社会的全局观。

(1)企业应意识到履行社会责任的必要性。企业履行社会责任,本质就是社会利益一体化的外在反映。企业作为社会公民应诚信经营,遵纪守法,履行好社会责任,加快从"经济人"向"经济人+社会人"的转变。

(2)企业在财务管理决策中应注意将股东利益和社会利益充分结合,把企业利益和社会利益相结合,把短期利益与长期利益相结合。履行社会责任,彰显企业担当,协调相关者利益,企业才能稳定经营、长远发展。可见,企业承担社会责任能够增强企业的形象,得到利益相关者的认可和支持,获得更多的价值创造机会,有助于企业的可持续发展。

2. 企业社会责任与企业价值

首先,一方面讲述企业社会责任的含义、社会责任支出对企业的影响,另一方面讲述企业价值的影响因素,并启发学生思考二者之间的关系,鼓励学生对此展开讨论。

(1)企业社会责任是指企业在创造利润、对股东和员工承担法律责任的同时,还要承担对消费者、社区和环境的责任,也可以理解为在给定时间内,社会对组织所具有的经济、法律、伦理、慈善各方面期望的总和。综合来说,企业社会责任理应涵盖企业对政府的责任、对股东的责任、对消费者的责任,以及对员工的责任、对资源环境和可持续发展的责任、对社区的责任等。

(2)履行社会责任必然有相应的支出,短期内可能会造成现金流与利润的下降,但企业会因此收获消费者认可、政府信任等社会性收益。关于企业履行社会责任一直有"经济效益"与"社会效益"不可兼得的冲突,但这种矛盾仅限于短期内,从长期来看,企业履行社会责任带来社会认可、品牌价值提升、顾客忠诚度提升等收益,最终也会转化为经济效益的提升。

(3)企业价值。企业价值即指企业本身的价值,是企业有形资产和无形资产的市场评价。企业价值的评估模型很多,最常用的现金流折现模型 $V=$

$\sum_{t=1}^{n}\dfrac{NCF_t}{(1+r)^t}$,其中 NCF 指企业自由现金流,与企业经营状况有关,r 折现率与企业风险有关。这个模型启示我们,未来收益情况、企业风险情况都会对企业价值带来影响。企业社会责任投资,可以带来收入增加、品牌影响力提升、销售成本下降等经营收益,销售额的稳定上涨又可以减少企业经营风险,因此从长远来看,履行社会责任能够带来提升企业价值的好处。本案例就是这一价值传导机制的现实体现。

然后总结学生在讨论中的观点,引导学生思考企业社会责任是如何影响企业价值模型中的收益、风险等因素的,并结合案例企业的数据,将结论引向社会责任对企业价值的正向作用机制上。

(1)利用案例公司捐赠行为发生前后的销售收入、企业市值、市场份额等指标的对比,使学生认识到企业履行社会责任行为对企业价值的重要影响。企业履行社会责任,尤其在国家与人民危难时实施善举,能赢得广大消费者的共鸣与赞赏,企业价值必然得以提升。

(2)通过分析消费者的"野性消费"行为,倡导消费者理性消费,疏导正向网络情绪,支持国货品牌,抒发家国情怀。

(3)引导学生树立正确的经营与理财理念,建立全面的、长远的、正确的投资与经营管理理念,培养学生的社会责任感、公德意识与企业家精神,企业不仅要对赢利负责,而且要对社会与环境负责,并积极承担相应的社会责任。杜绝偷排偷放、偷税漏税、假冒伪劣等损害社会的行为,积极践行社会责任。

课堂小结与思考

1. 课堂小结

本节课回顾了利益相关者理论,明确企业履行社会责任的必要性。并通过鸿星尔克公益捐赠案例,分析企业履行社会责任带来销售收入、股价与企业价值的提升效应,剖析了社会责任与企业价值之间的影响机制,引导学生提升社会责任感、增强公德意识。

2. 思考题

继续展开关于企业经济效益与社会效益的讨论,引导学生关注ESG话题。思考企业为什么要在环境贡献、社会责任与公司治理方面持续投入?这些投资对企业价值会产生什么影响?

政府会计课程思政案例

【基本情况】

政府会计是研究各类政府主体会计核算的一门基础理论与应用技术相结合的课程,属于会计学专业的选修课。课程内容主要包括财政总会计和行政事业单位会计两大部分,重点讲授财政总会计、行政事业单位会计的八大要素的核算和政府会计报告的编制。

【教学目标】

★知识目标　帮助学生理解政府会计的基本概念、目标、核算对象和特点,使之了解政府会计的基本框架、改革历程及发展趋势,并系统掌握财政总会计和行政事业单位会计的概念、区别以及各要素的核算方法,对政府会计的基本核算方法有较为全面的认识。

★能力目标　培养学生对政府会计主体核算的基本认知,训练学生具备政府会计核算的专业能力和操作能力,同时通过政府会计和企业会计的对比学习,全面培养学生的基本逻辑思维能力,如分析能力与综合能力、归纳能力与演绎能力等。

★素质目标　围绕政府财政的公共性以及政府会计的特殊性,通过理论联系实际教授学生应具备强烈的社会责任感和事业心,塑造学生正确的价值观和人生观,培养学生经世济民、诚实守信、德法兼修、客观公正的职业素养和职业道德。

★思政目标　以国家财政制度改革和政府会计制度改革为线索,通过理论的阐释、思想的引领、问题的释疑、实践的体验,引导学生深入理解社会主义制度的优越性,关注现实问题,弘扬社会主义核心价值观和中华民族的优良传统,着力培养学生的家国情怀。

案例一

中国政府与社会主义制度的优越性

一、知识点

政府的概念及构成;政府会计的概念及适用范围。

二、育人目标

通过引入"政府存在的意义是什么?""中国政府和资本主义国家的政府有何区别?""政府会计需要提供什么信息"等话题展开讨论,根据学生的讨论结果对理论知识点进行深化,同时结合典型的思政案例融入制度自信、公开公正等思政元素,不断增强学生对中国特色社会主义的道路自信、理论自信、制度自信和文化自信,并告诫学生应坚守客观公正的职业道德。

三、案例内容

(一)新闻事件——孟晚舟乘坐中国政府包机安全回国

1. 事件概要

2018年12月1日,华为公司首席财务官孟晚舟在加拿大温哥华过境转机时被加拿大以美国当局要求为由拘押,前后长达1 028天。2021年9月25日晚,在党和人民亲切关怀和坚定支持下,孟晚舟在结束被加拿大方面近3年的非法拘押后,乘坐中国政府包机抵达深圳宝安国际机场,顺利回到祖国。

2. 外交部发言人就孟晚舟回国事答记者问

时任外交部发言人的华春莹应询表示:中方在孟晚舟事件上立场是一贯的、明确的。事实早已充分证明,这是一起针对中国公民的政治迫害事件,目的是打压中国的高技术企业。对孟晚舟女士所谓"欺诈"的指控纯属捏造。就连被美方指为"受害者"的汇丰银行也出具了足以证明孟女士清白的文件。美国、加拿大所作所为是典型的任意拘押。

3. 《人民日报》评孟晚舟回国:没有任何力量能够阻挡中国前进的步伐

2021年9月25日晚,人民日报客户端刊发文章《没有任何力量能够阻挡中国前进的步伐》,文中指出:在获悉孟晚舟被无理拘押相关情况后,中国政府第一时间提出严正交涉、表明严正立场,并第一时间向孟晚舟提供领事协助。此后,中国政府一直强烈敦促加方释放孟晚舟,切实保障其正当合法权益。亿万中国人民发出了响亮的正义呼声。孟晚舟平安回到祖国充分说明,中国共产党、14亿多中国人民、伟大的中华人民共和国永远是中国公民最坚强的后盾。今天,实现中华民族伟大复兴进入了不可逆转的历史进程。我们深知,越是接近民族复兴越不会一帆风顺,越充满风险挑战乃至惊涛骇浪。

我们坚信,始终站在历史正确的一边,始终站在人类进步的一边,不畏风浪、直面挑战,风雨无阻向前进,就没有任何力量能够撼动我们伟大祖国的地位,没有任何力量能够阻挡中国前进的步伐!

(二)全面建成小康社会彰显中国特色社会主义制度优势

1. 全面建成小康社会的历史创举

贫困是世界性问题,减贫是世界性难题。党的十八大以来,以习近平同志为核心的党中央践行"脱贫路上一个也不能少"的庄严承诺,在中华大地上打响了人类历史上规模空间与力度最大、惠及人口最多的脱贫攻坚战,提出了全面建成小康社会新的目标要求。2021年1月,习近平总书记在庆祝中国共产党成立100周年大会上庄严宣告,"经过全党全国各族人民持续奋斗,我们实现了第一个百年奋斗目标,在中华大地上全面建成了小康社会,历史性地解决了绝对贫困问题"。可以说,全面建成小康社会是中国共产党和中国人民的伟大创造,体现在一系列思想、战略、政策、制度的创新,彰显出中国共产党的领导和中国特色社会主义制度的显著优势。

2. 典型案例——兰考:率先脱贫,筑梦小康

河南省兰考县,位于九曲黄河最后一道弯,这里曾饱受黄河泛滥之灾,据历史记载,300多年里曾发过90多次水灾,100多年里有63个村庄被风沙掩埋。50多年前,焦裕禄就在这里率领群众"战天斗地"。作为焦裕禄精神的发源地,2014年,第二批党的群众路线教育实践活动中,习近平总书记将兰考作为联系点,一年之中两次到兰考指导工作。兰考县委、县政府郑重许下了"三年脱贫、七年小康"的承诺。

为了战胜贫困,兰考因地制宜,因户施策,重点培育发展了"花生、红薯、苗木、养羊、青贮玉米"5种订单农业型产业,"瓜菜、养驴、乐器、经济林、食用菌"5 种能人带动型产业,搭建"外出务工、产业体系就业、乡镇产业园就近就业、居家灵活就业、公益性岗位就业"5 种就业模式,覆盖所有有就业能力、发展意愿的贫困家庭。2017 年 2 月,兰考县成为国内首批、河南首个脱贫"摘帽"的贫困县。同年 5 月,兰考县委、县政府制定了《关于稳定脱贫全面建成小康社会的意见》,向着全面建成小康社会的道路上阔步前行。时至今日,黄河岸边的兰考,绿意盎然,美景如画,构筑出一道靓丽的生态景观线。

(三)中国政府会计建设的进程

我国政府会计建设大致经历了以下三个阶段:自 2003 年始至 2011 年,我国开始尝试性研究,此时以预算会计制度建设为主;从 2012 年开始中国政府会计建设进入第二阶段。这一阶段,发布并执行事业、行政和财政总预算会计制度,以预算会计为主,同时考虑了部分财务会计,为建立政府综合财务报告做好了相应准备;2015 年,我国的政府会计建设开启了新的篇章,政府会计改革进入第三阶段。我国开始执行新的《预算法》,《预算法》第九十七条明确规定:各级政府财政部门应当按照年度编制以权责发生制为基础的政府综合财务报告,由此明确了政府会计的法律地位。政府会计的改革以政府综合财务报告为引领,应用"政府会计=预算会计+财务会计"概念,在做法上沿用"预算会计=财政总预算会计+行政单位会计+事业单位会计"的思路,在财务会计部分借鉴企业财务会计的基本原理。①

(四)法律法规——《政府会计准则——基本准则》(节选)

第十一条 政府会计主体应当以实际发生的经济业务或者事项为依据

---

① 赵西卜.中国政府会计改革与政府成本会计系统建设[C]//.北京大学中国教育财政科学研究所,中国教育财政政策咨询报告补充版(2015—2019).北京:社会科学文献出版社,2021:287-299.

进行会计核算,如实反映各项会计要素的情况和结果,保证会计信息真实可靠。

第十二条 政府会计主体应当将发生的各项经济业务或者事项统一纳入会计核算,确保会计信息能够全面反映政府会计主体预算执行情况和财务状况、运行情况、现金流量等。

第十三条 政府会计主体提供的会计信息,应当与反映政府会计主体公共受托责任履行情况以及报告使用者决策或者监督、管理的需要相关,有助于报告使用者对政府会计主体过去、现在或者未来的情况作出评价或者预测。

四、教学设计

(一)课前准备

通过网络课程平台发布相关案例素材,布置预习任务,并要求学生充分预习后对如下话题展开讨论:政府存在的意义是什么?

(二)课堂导入

根据预习阶段学生线上讨论情况,进一步引导学生思考"政府的含义是什么?政府存在的根本目的是什么?一个国家最需要的是什么样的政府?"等一系列问题,进而展开本节课的知识点。

(三)知识讲解与思政元素的融入

1. 政府的概念及构成

通过理论讲授法讲解政府的概念及其构成。提问学生:中国政府和资本主义国家的政府是否存在不同?

插入"孟晚舟乘坐中国政府包机安全回国"的新闻,回顾整个事件的过程,并播放央视网新闻专访视频素材"孟晚舟:祖国,我回来了!",让学生分享看完视频的感受。最后借用"外交部发言人就孟晚舟回国事答记者问"的相关内容,引导学生理解中国的政府是人民的政府,激发学生的爱国热情。

最后,结合我国全面建成小康社会的历史实践经验,让学生充分认识到坚持全国一盘棋集中力量办大事的制度优势。进一步引入河南省兰考县脱贫奔小康的典型案例,兰考县作为我国全面建成小康社会一个缩影,鲜活地诠释了中国共产党带领人民实现全面建成小康社会的伟大壮举。在全面建成小康社会的过程中,中国共产党充分调动了 56 个民族和 14 亿的人民的积极性,汇聚了最大的共识,构成了最大的同心圆,充分发挥了能够集中力量办大事的社会主义制度优势。

2. 政府会计的概念及适用范围

在明晰政府概念的基础上,进一步通过理论讲授法讲解政府会计的概念及适用范围。

然后,对政府会计的意义进行扩展,提出如下问题要求学生思考和讨论:政府为什么需要会计?政府会计需要提供什么信息?其信息主要提供给谁?

结合中国政府会计改革的进程,让学生充分理解我国为什么需要建立以权责发生制为基础的政府综合财务报告,并引入《政府会计准则——基本准则》等制度规范,阐述政府会计信息的重要性,既可以全面清晰反映政府财务信息和预算执行信息,也可以准确核算政府运行成本。因此,只有提供客观公正且有价值的信息,才能真实地体现地方政府的资产、负债、收入、支出和净资产。同时也告诉学生,作为一名会计,应坚守会计职业道德,不做假账。

课堂小结与思考

1. 课堂小结

本节课重点讲述了政府的含义和政府会计的适用范围。政府会计是国家治理的基础要素,通过本节课的学习,对全面把握政府会计的地位和作用具有重要的意义。

2. 思考题

请结合中国政府会计改革的进程,谈谈我国政府会计如何助力财政在国家治理中的基础和重要支柱作用?

案例二

以"预算公开"之矛破"腐败"之盾

一、知识点

政府预算的概念;政府预算的组成体系。

二、育人目标

结合《预算法》的相关条款,在知识讲解中引导学生思考预算公开的意义,并通过"反腐败"思政要素的引入,融入公开、公正的价值信念,弘扬社会主义核心价值观,着力培养学生正确的价值观,为学生提前接种好"廉洁疫苗",筑牢"不想腐"的思想根基,增强拒腐防变的免疫力。

三、案例内容

(一) 法律法规——《预算法》(节选)

第四条 预算由预算收入和预算支出组成。

政府的全部收入和支出都应当纳入预算。

第十四条 经本级人民代表大会或者本级人民代表大会常务委员会批准的预算、预算调整、决算、预算执行情况的报告及报表,应当在批准后二十日内由本级政府财政部门向社会公开,并对本级政府财政转移支付安排、执行的情况以及举借债务的情况等重要事项作出说明。

经本级政府财政部门批复的部门预算、决算及报表,应当在批复后二十日内由各部门向社会公开,并对部门预算、决算中机关运行经费的安排、使用情况等重要事项作出说明。

各级政府、各部门、各单位应当将政府采购的情况及时向社会公开。

本条前三款规定的公开事项,涉及国家秘密的除外。

(二) 中央纪委国家监委网站上的相关腐败案例

1. 果洛州玛沁县教育局出纳郭某侵吞国家财政资金问题

2012 年至 2017 年,郭某任玛沁县教育局出纳期间,利用职务上的便利,在发放临聘人员工资过程中虚增临聘人员人数,侵吞国家财政资金 606.56 万元。2019 年 3 月,郭某受到开除党籍、开除公职处分。郭某因犯贪污罪被判处有期徒刑 12 年,并处罚金 60 万元。

2. 公款投资掉陷阱

唐某某是长荡小学的年轻教师,兼任学校报账员。2019 年,幻想着一夜暴富的唐某某,将学生缴纳的春季学期"一教一辅"费转到指定银行账户进行所谓"投资",结果全部赔光。当年秋季,因"投资致富"而深陷债务的唐某某,又盯上了秋季学期的"一教一辅"费、学生和教师的伙食费和食堂招标保证金,并把这些资金全部用于网络投资,仅开学的一个星期,就转出了70多万元。经查,唐某某利用职务便利,采用收取公款不入账、私自支取公款的方式,先后4次挪用公款共计人民币94.8万元归个人使用,进行营利活动。最终,唐某某因挪用公款被开除公职,被判处有期徒刑1年9个月,并责令其退还所涉款项。

3. 微信"钱包"里的"代缴款"

袁某毕业于四川警安职业学校,2019年6月到区法院执行局担任法官助理,主要职责是协助法官开展接待当事人、处置案款、结案归档等相关工作。经查,自2019年以来,袁某利用职务之便,私下接触案件当事人,采取截留执行案款、套取执行费的方式,贪污30名案件当事人41笔执行费、20笔执行案款共计23万余元,全部用于购物等日常开支。

四、教学设计

(一)课前准备

通过网络课程平台布置预习任务,并发布中央纪委国家监委网站上的相关腐败案例,要求学生根据案例资料思考"反腐败"如何才能做到有效。

(二)课堂导入

通过播放"预算知识小动画"的视频资料,让学生对预算有基本的认识,并引导学生讨论:国家为什么需要预算?国家预算公开的意义何在?进而展开本节课内容。

(三)知识讲解与思政元素的融入

1. 政府预算的概念

首先,带领学生一起了解《预算法》的主要内容,并根据有关条款说明我国已建立全面规范的预算公开制度,这对我国现代预算透明制度以及推动阳光政府建设具有重要的指导意义。

然后,引导学生讨论:为什么需要预算公开?并融入"反腐败"的讨论话题。

利用中央纪委国家监委网站上的相关腐败案例,告诉学生"反腐败"是个世界难题,世界各国政府在执政过程中都会遇到这个问题,如何才能有效地"反腐败"?关键是制度运行应该公开透明,使权力暴露在阳光之下,使人民能够敢于监督、愿意监督、有责任心去监督。财政是庶政之母,公开财政资金的来源和使用去向,是接受监督最有效的方式、最有力的反腐措施。因此,作为提高预算透明度、提升管财理财水平、保障人民群众依法行使知情权和监督权的利器,预算公开使得政府资金的使用在公众的有效监督之下,实现有效监督,提高资金效益,真正把预算分配权关进制度的笼子,使政府预算在阳光下运行。

2. 政府预算的组成体系

在讲解政府预算的组成体系时,进一步结合《预算法》中"政府的全部收入和支出都应当纳入预算"的相关条款,让学生深刻理解将预算外资金全部纳入预算管理的重大意义。因为预算外资金不受人民代表大会监督,地方政府轻易地就可以把预算内资金转移到预算外甚至制度外,绕开了人民代表大会的监督,滋生政府浪费和财政腐败。《预算法》从制度上使预算外资金收支全过程处于人民代表大会的监督之下,增强预算外资金收支活动的透明度,将腐败之风扼杀在制度的笼子里。

课堂小结与思考

1. 课堂小结

本节课重点讲述了政府预算的概念及组成体系。政府预算是国家财政收支的核心,本节课的学习,对学生进一步理解政府会计的核算内容具有重要作用。

2. 思考题

《关于进一步深化预算管理制度改革的意见》(国发〔2021〕5号)强调,"预算体现国家的战略和政策,反映政府的活动范围和方向,是推进国家治理体系和治理能力现代化的重要支撑,是宏观调控的重要手段。"请结合预算管理制度改革分析预算管理的重要性。

案例三

财政转移支付的公平正义

一、知识点

转移性收支的概念;转移性支付的形式。

二、育人目标

结合我国财政转移支付的具体数据,让学生深入理解我国以转移支付等为主要手段进行的再分配调节机制,这体现了促进公平的收入分配制度,进而融入社会主义核心价值观"公正"的思政元素,守护公平正义离不开每个人的积极参与,引导学生能分辨是非、积德扬善、伸张正义,在日常生活中努力践行公平正义。

三、案例内容

(一)某省2022年省级一般公共预算收支预算

2022年某省省级一般公共预算收支预算总表如表3-1所示。

表3-1 2022年某省省级一般公共预算收支预算总表 单位:万元

项目	收入预算数	项目	支出预算数
省本级收入	1 650 000	省本级支出	16 450 000
上级补助收入	42 762 426	省级财力支出	14 850 000
返还性收入	4 056 963	政府一般债券省级使用	1 600 000
一般性转移支付收入	38 013 144	中央专项转移支付用于省本级支出(含待分配)	41 000
专项转移支付收入	692 319	补助下级支出	36 137 615
下级上解收入	6 981 644	返还性支出	3 034 577
一般债务收入	3 248 700	一般性转移支付支出	32 451 719
动用预算稳定调节基金	550 000	专项转移支付支出	651 319
调入资金	32 281	上解上级支出	947 736
		一般债务还本支出	570 000
		一般债务转贷支出	1 078 700
		调出资金	
收入总计	55 225 051	支出总计	55 225 051

数据来源:某省财政厅预算公开数据。

(二)新闻链接——2021转移支付收入排名:四川省、河南省、湖南省、河北省、云南省位居前五

近年来,中央财政转移支付逐年提高,从2013年的4.8万亿增长到现在的8.3万亿,已经占到中央财政收入的45%。也就是说,除军费、教育经费、国家机关经费等日常开销,国家所掌握的大部分财政收入都转给了地方,充分体现了中国税收取之于民、用之于民的方针。

从转移支付的具体数据来看,四川省4 933亿、河南省4 381亿、湖南省3 582亿、河北省3 481亿、云南省3 373亿,位居前五位。四川、河南、湖南是中西部地区人口大省,河北是京畿之地,云南省是中国经济比较落后的地区,都有获得较多转移支付的理由。财政转移支付强调注重社会公平,但并不以平均主义为宗旨。中国转移支付绝非简单的利益分配,而是从全局角度、战略高度所做的平衡和最优化布局,是中国模式优越性的集中体现,不仅不存在不公平,反而是真正的公平!中国经济能在短短40年取得如此成就,正是各省(自治区、直辖市)相互配合、相互支持的结果。

(三)法律法规——《预算法》(节选)

第十六条 国家实行财政转移支付制度。财政转移支付应当规范、公平、公开,以推进地区间基本公共服务均等化为主要目标。

财政转移支付包括中央对地方的转移支付和地方上级政府对下级政府的转移支付,以为均衡地区间基本财力、由下级政府统筹安排使用的一般性转移支付为主体。

按照法律、行政法规和国务院的规定可以设立专项转移支付,用于办理特定事项。建立健全专项转移支付定期评估和退出机制。市场竞争机制能够有效调节的事项不得设立专项转移支付。

上级政府在安排专项转移支付时,不得要求下级政府承担配套资金。但是,按照国务院的规定应当由上下级政府共同承担的事项除外。

四、教学设计

(一)课前准备

通过网络课程平台布置预习任务,要求学生根据"2021 转移支付收入排名:四川、河南、湖南、河北、云南位居前五"等相关新闻分析转移支付的作用和意义。

(二)课堂导入

播放《财政部:增加对地方转移支付》的视频,引导学生思考中央为何要加大转移支付力度?并引入本节课知识点。

(三)知识讲解与思政元素的融入

1. 转移性收支的概念

在理论讲授转移性收支概念时,结合 2022 年某省省级一般公共预算收支预算总表,分析我国转移性收支的基本内容。并结合"2021 转移支付收入排名:四川、河南、湖南、河北、云南位居前五"的相关新闻和具体数据,重点分析中央转移支付的重要性。财政转移支付制度是基于各级政府收入能力与支出需求不一致的状况,以实现各地基本公共服务均等化为目标的一种财政收支平衡制度。在我国,长期以来,财政转移支付被作为国家调整各地政府经济行为的手段而运用。近年来,财政转移支付逐渐被作为财税法保障实现公平正义的一项具体政策工具,进一步引入公平正义的思政要素。

2. 转移性支付的形式

目前,我国财政转移支付主要有一般性转移支付与专项转移支付两种形式,一般性转移支付是促进公平的主要方式,专项转移支付更有助于达致效率目标。《国务院关于改革和完善中央对地方转移支付制度的意见》(国发〔2014〕71号),提出要大幅增加一般性转移支付规模和比例,占比逐步提高到60%以上,对目标接近、资金投入方向类同、资金管理方式相近的项目予以整合,严格控制同一方向或领域的专项数量,增加地方政府资金支配的主动权和机动权。其根本目的在于兼顾效率与公平。

课堂小结与思考

1. 课堂小结

本节课重点讲述了转移性收支的概念和转移性支付的具体表现形式。转移性政府是解决地区发展不均衡问题的重要制度安排,通过本节课的学习,为学生进一步理解预算支付的具体核算方法具有提纲挈领的作用。

2. 思考题

2020年《政府工作报告》中明确指出,"建立特殊转移支付机制,资金直达市县基层、直接惠企利民,主要用于保就业、保基本民生、保市场主体,包括支持减税降费、减租降息、扩大消费和投资等",请分析建立这种特殊转移支付机制的目的和意义。

案例四

财政革命之国库集中收付制度改革

一、知识点

国库集中收付制度的含义;国库单一账户体系的构成。

二、育人目标

通过讲解国库集中收付制度改革的基本进程,让学生了解该改革从管理制度和运行机制上促进了财税体制改革的深化和现代财政制度的完善,进而融入国家强化预算执行管理,致力于打造"阳光财政"、促进政府公共服务职能深化的思政要素,引导学生感受财政工作者们的革命精神,传承先辈们艰苦奋斗的探索实践。

三、案例内容

(一)国库集中收付制度的实施成效

国务院 2001 年批准发布《财政国库管理制度改革试点方案》后,财政系统开始推进国库集中收付制度建设。经过二十余年实践与完善,目前国库集中收付制度已形成特点鲜明的模式,并在实践中取得良好成效。

一是提高了财政性资金统筹配置能力。财政性资金由原先各预算单位管理调整由财政部门集中管理,财政部门对财政性资金配置使用情况更加了解,财政决策更加科学,财政性资金使用效率和效果显著提升,更好地保障了政府支出需求。

二是提高了财政收支管理的运行效率和使用效益。财政收入集中缴入国库单一账户或财政专户,财政支出直接拨付至最终收款人,极大提升了资金运行效率。同时,财政部门加强了国库闲余资金管理,投放至金融市场进行定期存款,有效提高资金使用效益。

三是提高了信息反馈速度和质量。国库集中收付改革前,大量财政性资金沉淀在预算单位账户,财政收支数据主要依靠预算单位人工编报、层层汇总上报获取。改革后,预算单位财政性资金支付信息依托国库单一账户体系直接系统生成,实现全流程信息化管理,财政收支运行信息的真实性、准确性和时效性得到保障。

(二)财政部长肖捷:我所经历的一场"财政革命"

"毋庸讳言,财政国库管理制度改革充分借鉴了国际先进经验,但没有食洋不化、生搬硬套,因为我们毕竟在其他体制方面不同于西方国家。无论是方案设计还是组织实施,都立足在本国国情基础上消化吸收人类文明的共同成果。正因如此,改革的成功得到各方面的充分认可。一些主管部门和地方财政系统多年从事财政财务工作的同志讲,这是他们经历的一次最为深刻、最有成效的改革。"财政部长肖捷说。

2003年11月国际货币基金组织在其公布的一份报告中认为,"毫无疑问,这项改革的真正意义在于加强对预算支出的总体控制,改进公共资源分配,减少浪费和防治腐败。在没有使用巨大人力物力的情况下,这次国库改革仍然取得了很大的成就。改革的成功表明中国独立进行的国库改革设计具有国际先进水平。包括国库单一账户体系设计,将支付分为财政直接支付和财政授权支付两种方式,继续鼓励预算单位加强财务管理,利用商业银行的网络和业务资源等,这些都表明中国国库制度的设计不仅吸收了国际上最先进的经验,而且具有符合中国国情的独特性质"。这可能是从国际视野对这场改革给予的最客观的评价。

(三)法律法规——《违反行政事业性收费和罚没收入收支两条线管理规定行政处分暂行规定》(国务院第281号令)相关条款及解读

第二条 国家公务员和法律、行政法规授权行使行政事业性收费或者罚没职能的事业单位的工作人员有违反"收支两条线"管理规定行为的,依照本规定给予行政处分。

政策解读:所谓"收支两条线",是政府对行政事业性收费、罚没收入等财政非税收收入的一种管理方式,即有关部门取得的非税收入与发生的支出脱钩,收入上缴国库或财政专户,支出由财政根据各单位履行职能的需要按标准核定的资金管理模式。

实行"收支两条线"管理和国库集中支付制度以来,国家对非税收入和财政性资金不断加大管理力度,从源头上治理腐败,有效遏制了一些单位私设"小金库"、设账外账、坐收坐支、乱发滥发补贴等现象。

(四)私设"小金库"的案例

西藏自治区南木林县南木林镇原党委书记杨某,私设"小金库"用于公款送礼、公款吃喝等问题。2016—2020年,南木林县南木林镇以虚报票据、伪造兑现表等方式套取国家资金并设立"小金库",涉及金额32.66万元,主要用于接待、购买礼品及酒水等,共计支出29.3万余元。2021年8月,杨某受到党内严重警告、政务降级处分。

四、教学设计

(一)课前准备

通过网络课程平台布置预习任务,要求学生自行查阅相关资料,熟悉"国库集中收付制度"和"收支两条线"的概念和作用,并发布讨论话题:学校向学生收取的学费能否直接用于工资发放?

(二)课堂导入

根据预习阶段学生针对"学校向学生收取的学费能否直接用于发工资"的讨论情况,引导学生积极讨论国家为何要施行"国库集中收付制度",进而引出本节课的内容。

(三)知识讲解与思政元素的融入

1. 国库集中收付制度的含义

通过播放《国库集中支付》的视频,引导学生理解国库集中支付的基本内容,进而讲解国库集中收付制度的含义。国库集中收付是指一种对财政资金实行集中收缴和支付的制度,即财政部门建立国库单一账户体系,所有财政性收入都要通过国库单一账户体系直接缴入国库或财政专户;所有财政性支出都要通过国库单一账户体系支付到收款人或用款单位的财政资金管理模式。

接着提问:国家为什么需要国库集中支付?其根本目的是解决什么问题?

财政国库管理制度改革,是继分税制改革后财政管理制度的又一次重大变革,是财税体制改革的一大亮点,被经济合作与发展组织称为一场"财政革命"。结合国库集中收付制度历史沿革的相关资料,让学生理解国库集中收付制度的重要性:实行国库集中收付制度,改变了过去由预算单位自行进行财政资金支付的方式,所有财政资金不再预拨到预算单位,在预算执行前就对其进行审核,这样从机制上能够保证财政收入及时、足额地缴入国库或财政专户。因此,国库集中收付制度可以有效防止财政资金运用过程中发生的资金"跑、冒、滴、漏"问题,减少财政资金闲置,降低财政资金运行成本,提高财政资金使用效益,进而融入国家强化预算执行管理,致力于打造"阳光财政"、促进政府公共服务职能深化的思政要素。预算管理是政府对财政收支规模、收入来源、支出用途的规划,不仅是实现调节国民经济和社会运行目标的政策手段,而且是国家处理政府与市场、政府与社会、政府之间等诸多关系的重要工具。

2. 国库单一账户体系的构成

国库单一账户是国库集中收付制度的核心,建立国库单一账户体系是实施国库集中收付制度改革的核心和基础。国库单一账户体系的建立,使财政性资金的收支都能在账户体系内运行,为预算执行管理、监控和信息反馈提供了机制保障。

结合"收支两条线"的内容讲解国家已大力清理和规范财政专户,建立起财政专户管理长效机制,但仍有一些单位受利益驱动,置党纪国法于不顾,顶风违纪,并用案例告诫学生,作为一名会计工作者,应时刻自警自律,坚守道德底线。

1. 课堂小结

本节课重点讲述了国库集中收付制度的含义和国库单一账户体系的构成。国库存款是财政资金的核心内容,也是政府会计核算的重要对象,通过本节课的学习,为学生全面理解政府资金的收支具有重要的意义。

2. 思考题

《国务院关于进一步深化预算管理制度改革的意见》(国发〔2021〕5号)明确:"规范按权责发生制列支事项,市县级财政国库集中支付结余不再按权责发生制列支。"请分析采用权责发生制对国库集中支付结余进行核算的影响。

第四章

财务报表分析课程思政案例

【基本情况】

财务报表分析课程以企业的财务报表为基础,围绕财务报表的分析和实际应用展开教学。财务报表分析可应用于公司投资决策、财务预测、战略分析、经营决策、企业估值、信用评估、资产管理、业绩评价等诸多领域,是我们工作和生活中"必需"和"必备"的技能。在理解企业财务状况质量分析理论的基础上构建财务报表分析框架,从战略视角并采用项目质量分析方法系统分析财务报表。主要包括从资源配置和资本引入战略的视角透视资产负债表,分析资产质量和资本结构质量;从战略实施效果的视角透视利润表,分析利润质量;从战略的支撑能力透视现金流量表,分析现金流量质量。本课程的特色在于:摒弃传统的就会计论会计、就报表论报表、就财务论财务的教学内容,力图利用大数据分析技术,在企业管理系统中对财务状况及其质量进行分析,通过财务报表透视企业战略和管理质量。

【教学目标】

★知识目标　准确理解与报表编制有关的基本原则、基本概念;掌握财务报表分析的基本步骤和方法;通过企业的实际案例解读财务报表,掌握阅读财务报表、分析财务活动状况、评价财务绩效的方法和技巧;掌握财务大数据基本分析技术。

★能力目标　具有发现、分析和解决相关问题的基本能力,学生能够对企业财务状况的整体质量进行系统化分析,利用大数据分析技术撰写可视化财务分析报告,培养学生的财务决策与预测能力,训练学生分析和解决复杂问题的综合能力和高级思维。

★素质目标　围绕基于中国情境的财务报表分析框架,培养学生的科学精神和态度,引导学生树立正确的效益观、资产质量观、资本结构质量观、利润质量观、现金流量质量观、财务状况整体的质量观等,培养学生的创新精神、实践能力以及团队协助意识。

★思政目标　教育引导学生深刻理解习近平新时代中国特色社会主义经济思想,培养学生经世济民、诚实守信、德法兼修、客观公正的职业素养和职业道德,增强社会责任感,能够提出解决问题的路径服务社会,形成遵纪守法、爱岗敬业、无私奉献、公道办事、开拓创新的职业品格和行为习惯。

案例一

解析"去杠杆"政策,识别企业债务风险

一、知识点

财务杠杆比率、资产金融性负债率。

二、育人目标

通过解析国家供给侧改革中"去杠杆"政策,让学生理解"去杠杆"政策实施的背景、原因及效果,融入国情教育思政元素,不断深化学生对中国特色社会主义的道路自信、理论自信、制度自信、文化自信的理解。同时引导学生深入分析在"去杠杆"政策下企业采取的措施,思考在达到低杠杆率的情况下为什么仍会出现债务危机,如何识别企业真实的债务风险,培养学生积极寻求有效的问题解决方法的能力和韧性,培养学生的求真精神。

三、案例内容

(一)"去杠杆"政策的演进历程

1. "强制"去杠杆阶段

自2008年以来,为应对国际金融危机冲击和内部需求的疲弱,中国开启了信用扩张和加杠杆刺激经济的进程,整体信贷的快速增长和影子银行信贷的井喷。2015年12月,中央经济工作会议明确提出了供给侧改革核心任务

在于"三去一补",即去产能、去库存、去杠杆、降成本、补短板,首次提到"去杠杆"的说法。2016 年 10 月,国务院印发《关于积极稳妥降低企业杠杆率的意见》,对积极稳妥降低企业杠杆率工作做出部署。2016 年 12 月的中央经济工作会议明确提出,要把降低企业杠杆率作为重中之重,规范政府举债行为。2017 年 7 月的全国金融工作会议又进一步明确要把国有企业降杠杆作为重中之重,严控地方政府债务增量。

2. 结构性去杠杆阶段

2018 年 4 月,中央财经委员会首次提出"结构性去杠杆",为"打好防范化解金融风险攻坚战"划定基本思路。2018 年 9 月,中共中央办公厅、国务院办公厅联合印发《关于加强国有企业资产负债约束的指导意见》,提出"推动国有企业平均资产负债率到 2020 年年末比 2017 年年末降低 2 个百分点左右,之后国有企业资产负债率基本保持在同行业同规模企业的平均水平",并要求"对不同行业、不同类型国有企业实行分类管理并动态调整"。

(二)"去杠杆"政策下企业债务危机

浙江省 WH 建设集团股份有限公司(以下简称"WH 股份"),创立于 1984 年,以水利工程施工为主营业务,2003—2007 年进行国企混改,2011 年成为宁波市高新区首家上市公司,也是全国仅有的一家民营水利上市企业。公司成立 30 多年来,先后承建浙江省内外多个重大民生工程项目,曾获鲁班奖、詹天佑奖、大禹奖等荣誉。上市后,WH 股份业绩持续增长,市值曾经逾百亿元。2019 年上半年 WH 控股陷入债务危机,且因内部治理不规范,WH 控股违规担保、资金占用"东窗事发",对上市公司 WH 股份产生了一系列连锁反应:WH 股份被特别处理、债务逾期、银行征信降级、业务承接大幅下滑等。但从反映企业债务风险的财务杠杆比率来看,自 2017—2019 年,其杠杆率均在 58% 以下,低于 70% 的警戒线。那么在低杠杆率下,如何识别企业真实的债务风险?

四、教学设计

(一)课前准备

课前让学生搜集国家供给侧改革中"去杠杆"的相关政策信息,帮助学生了解国家"去杠杆"政策的实施过程;观看"学习通"中知识点讲解"财务杠杆",让学生掌握财务杠杆比率的计算方法;阅读"学习通"中的WH股份案例资料,根据公司财务报表计算财务杠杆比率,为深入分析案例公司以及理解资产金融性负债率做准备。

(二)课堂导入

通过引入"国家供给侧改革中的'去杠杆'是什么""企业在低杠杆下为何仍会出现债务危机"等话题展开讨论,采用小组讨论法引导学生思考"财务杠杆率是什么?金融性负债资本有哪些"等问题,进而展开本节课的知识点。

(二)知识讲解与思政元素的融入

1. 财务杠杆比率与"去杠杆"政策

首先,通过理论讲授法讲解财务杠杆的概念及财务杠杆比率的计算方法。

其次,融入国情教育,理解国家供给侧改革中的"去杠杆"政策。自2008年以来,为应对国际金融危机冲击和内部需求的疲弱,中国开启了信用扩张和加杠杆刺激经济的进程,整体信贷的快速增长和影子银行信贷的井喷。中国的债务水平快速增长,总杠杆率从131.3%增加到258.1%,特别是企业和家庭部门的杠杆率从109.2%猛增至210.0%,增长近一倍,这种增速使国内银行系统面临沉重压力,为金融体系和经济的稳健运行埋下了隐患。为采取措施处置风险点,控制好杠杆率,2015年底,中央经济工作会议首次提出"去杠杆",并将其作为供给侧结构性改革的重点任务之一。紧接着,2016年出台的《国务院关于积极稳妥降低企业杠杆率的意见》则标志着我国正式提出企业"去杠杆"的政策主张。之后的2018年和2019年均出台了《降低企业杠杆率工作要点》,以进一步部署企业"去杠杆"工作。一系列的"去杠杆"政策目前已经初显成效,我国宏观层面的非金融企业杠杆率和微观层面的企业负债率均明显下降。

最后,向学生进一步讲述企业必须保持资产负债表的健康,特别是保持适当的财务杠杆比率,对于国家经济、企业或家庭都是如此。合理区间内的居民杠杆能够提升家庭的幸福水平,使得家庭提前获取资金从而进行消费,而过度的居民杠杆率会让家庭承担更大的压力。当我们发现杠杆率过高的时候,要采取坚决的措施去杠杆。通过"去杠杆"政策发展的不同阶段,让学生充分意识到政府经济政策的灵敏性和务实性,以及国家宏观调控的主动性和全局观,同时让学生理解"明者远见于未萌,智者避危于未形",建立风险意识和忧患意识。

2.资产金融性负债率与真实的债务风险

首先,在掌握财务杠杆比率的基础上,让学生探讨企业在"去杠杆"政策背景下,财务杠杆率明显下降,如何识别企业真实的债务风险?

其次,理论讲授金融性负债的含义及内容,将负债划分为经营性负债和金融性负债。改进财务杠杆比率,将分子中的负债优化为金融性负债,反映有息负债的部分。

最后,融入科学精神思政元素。结合ST"WH"的案例,对比财务杠杆率与资产金融性负债率,让学生理解如何识别企业真实的债务风险。通过案例分析发现的问题,让学生树立问题意识,能从多角度、辩证地分析问题,能运用科学的思维方式认识事物、解决问题,为国家优化政策提供支持。

课堂小结与思考

1. 课堂小结

该部分内容理论性比较强,较为抽象,通过引入国家财经政策热点话题,让学生们更多角度地了解国情,理解习近平新时代中国特色社会主义经济思想,了解我国近些年改革开放进程中遇到的困难、采取的措施、取得的成效。并通过水利水电行业上市公司的案例数据,培育学生善于发现问题、分析问题、解决问题的能力,理论联系实际,使学生充分理解国家执政的难度以及政策分寸把握的重要性,提出解决问题的路径,增加服务社会的本领、增强社会责任感。

2. 思考题

2021年3月5日,李克强总理在《2021年国务院政府工作报告》中指出,要继续完成"三去一降一补"重要任务,积极推动在提高生产效率、推动经济增长的过程中改善债务结构,增加权益资本比重,以可控方式和可控节奏逐步减少杠杆,防范金融风险压力,促进经济持续健康发展。结合以上资料,思考企业可以通过哪些措施"去杠杆"?

案例二

恪守诚实守信,对财务造假零容忍

一、知识点

财务报表造假特征分析。

二、育人目标

通过财务造假案例讨论,让学生从会计职业的角度分析财务造假的特征、危害及后果,让学生深刻理解"不做假账"是会计从业人员的基本职业道德和行为准则,所有会计人员必须以诚信为本,操守为重,遵循准则,保证会计信息的真实、可靠。引导学生树立正确的价值观和职业道德,坚定树立"不做假账"的思想。

三、案例内容

(一)CYNM"猪饿死"事件

CYNM集团股份有限公司始创于1988年,2010年9月15日在深圳证券交易所成功挂牌上市,成为第一家以生猪养殖与销售为主业的中小板上市公司,被业界誉为"中国养猪第一股"。2019年1月30日,CYNM披露业绩预告修正公告,修正后预计亏损29亿元—33亿元,上年同期盈利4 518.88万元。对于业绩修正原因,公司表示,2018年6月开始,公司出现资金流动性紧张局面,由于资金紧张,饲料供应不及时,公司生猪养殖死亡率高于预期;第四季度生猪市场受非洲猪瘟影响,销售价格低于预期。

CYNM 于 2019 年 3 月 18 日收到中国证券监督管理委员会《调查通知书》,因公司涉嫌违法违规,根据《中华人民共和国证券法》的有关规定,决定对公司立案调查。同日,CYNM 还收了深交所下发的关注函称,2 月 11 日至 3 月 15 日,CYNM 股票累计涨幅为 89.12%,大幅偏离同期中小板综指走势。要求 CYNM 补充说明,于 2018 年 6 月 22 日披露拟筹划发行股份购买资产事项,至今仍未披露重组预案。请说明截至目前的进展情况、未披露预案的原因,以及是否处于停滞状态、是否有具体的时间安排,并说明本次交易是否存在终止风险,如存在,请及时披露信息并做好充分的风险提示。请结合公司内外部市场环境以及公司业绩等详细情况,说明公司基本面是否发生变化,是否存在其他筹划中的重大事项,是否存在应披露而未披露的重大信息。

(二)CYNM 被强制退市,违法违规行为受到处罚

2019 年 8 月 19 日,由于连续 20 个交易日收盘价均低于股票面值(1 元),根据相关规定,深交所决定 CYNM 的股票终止上市,并自 2019 年 8 月 27 日起进入退市整理期。在退市整理期,CYNM 不仅出现了高管离职的情况,其董监高还收到了来自深交所的监管函。监管函显示,经查明,CYNM 存在以下违规行为:2019 年 4 月 25 日,亚太(集团)会计师事务所(特殊普通合伙)对公司 2018 年财务报告出具了无法表示意见的审计报告,主要涉及事项为:持续经营存在不确定性;对债权投资、财务资助等款项无法获取充分、适当的审计证据以判断资产减值准备计提的合理性;公司未完整提供未纳入合并范围的被投资单位审计报告和财务报表及子公司某畜牧有限公司 2018 年度财务资料;无法判断公司关联方关系和关联交易披露的完整性和准确性;无法判断生物资产、固定资产和在建工程列报的准确性;无法判断诉讼事项对财务报告产

生的影响;公司被中国证监会立案调查,无法判断立案调查结果对财务报表的影响程度。深交所表示:李某等多人作为公司时任的董事、监事和高级管理人员,未能恪尽职守、履行诚信勤勉义务,违反了本所《股票上市规则(2018年11月修订)》第1.4条、第3.1.5条的规定及在《董事、监事、高级管理人员声明及承诺书》中作出的承诺,对公司上述违规行为负有责任。2019年10月15日晚,CYNM发布公告称,公司股票已被深交所决定终止上市,并于10月16日被深交所摘牌。

2021年9月6日,CYNM收到中国证监会下发的《行政处罚及市场禁入事先告知书》(处罚字〔2021〕73号),具体内容如下:根据当事人违法行为的事实、性质、情节与社会危害程度,依据2005年《证券法》第一百九十三条第一款、第三款的规定,中国证监会拟决定:①对CYNM责令改正,给予警告,并处以60万元罚款;②对该公司董事长给予警告,并处以90万元的罚款,其中作为直接负责的主管人员处以30万元的罚款,作为实际控制人处以60万元的罚款;③对杨桂某给予警告,并处以30万元罚款;④对吴某给予警告,并处以15万元罚款。对其他人分别给予警告以及3万~10万元罚款。此外,中国证监会拟决定:对该公司董事长采取终身证券市场禁入措施,对杨桂某采取10年证券市场禁入措施。

四、教学设计

(一)课前准备

课前让学生搜集《会计法》《公司法》《证券法》中有关财务造假处罚的条款,让学生了解相关法律法规;阅读"学习通"中CYNM的案例资料,在讨论区中列出CYNM利润操纵手段以及关联交易财务造假手段;查阅证监会对CYNM的处罚决定,让学生了解财务造假的后果。

(二)课堂导入

播放央视财经新闻视频《CYNM"猪饿死了"亏超 29 亿深交所发函问询》《CYNM 涉嫌违法违规遭证监会立案调查》,采用小组讨论法引导学生思考"财务造假有哪些特征?""如何识别企业财务造假?"等问题,进而展开本节课的知识点。

(二)知识讲解与思政元素的融入

1. 提升辨识能力,识别利润操纵手段

首先,通过理论讲授法讲解企业操纵会计利润的常见手段。

其次,采用案例教学法,对 CYNM 财务报表中重大变化项目进行分析。根据 CYNM2015—2017 年财务报表显示,固定资产与持有待售资产在资产总额中占比较大且发生重大变化。其中,持有待售资产在 2016 年为 23.64 亿元,在 2017 年变动为 0。报表中披露的变动原因不是将持有待售资产(待处理猪舍)卖出,而是将其重新转回固定资产项目。根据会计准则,如果要将非流动资产划分为持有待售资产,需要满足下面三个条件:①企业已经就处置该非流动资产做出决议;②企业已经与受让方签订了不可撤销的转让协议;③该项转让将在一年内完成。在 2016 年末,CYNM 持有账面价值高达 23.64 亿的待售资产,说明这些资产 CYNM 已经与受让方签订了不可撤销的转让协议,并且将在一年内完成交易,但在 2017 年又将其转入固定资产。这说明,CYNM 先将固定资产调入持有待售资产科目,再将待售资产转回来,有规避固定资产折旧的嫌疑。根据会计准则,固定资产是需要折旧的,但是放在持有待售资产科目就不需要计提折旧了,这对 CYNM 的利润有重大影响。所以 CYNM 将待处理猪舍时而计入固定资产,时而又计入持有待售资产,虚减固定资产折旧,从而达到虚增利润的目的。

最后,向学生进一步讲述企业必须保持财务报表的真实性,运用财务报表分析专业知识提高对企业财务报告真实性的辨识能力。让学生充分认识到财务报表信息反映的是企业的财务状况和经营成果,对财务报表的使用者(股东、债权人、管理者、政府部门等)具有重要的意义,虚假的财务报表信息必然会损害报表的各利益相关者。

2. 防范不当关联交易风险,提高会计职业道德素养

首先,通过理论讲授法讲解关联交易财务造假手段。

其次,采用案例教学法,对 CYNM 关联交易进行分析。根据 CYNM2017年财务报表显示,CYNM 新增可供出售金融资产中,对某山信生物食品科技有限公司(简称山信生物)投资 5 850 万,持股比例为 40%。山信生物成立于2015 年 3 月,是一家农副食品加工公司,该公司原来有两个股东,分别是山信粮业有限公司(占股 70%)和商城县山信生态粮油种植专业合作社(占股30%),而在 2017 年 6 月,侯建某进场接盘,成为该公司唯一股东,持股100%。侯建某是 CYNM 的发起股东之一,也是 CYNM 实际控制人的弟弟。因此,这是一笔关联交易,CYNM 跟侯建某存在关联关系,但 CYNM 没有在年报中的关联交易中提及这笔交易。CYNM 存在向实际控制人侯建某家族输送利益,损害公司及中小股东利益的行为。

最后,让学生讨论 CYNM 管理层职业道德缺失造成的后果。CYNM 管理层为了获得巨额利益,利用关联交易提高收益,无视法律法规的相关规定,使用财务造假手段挑战道德底线与法律红线,最终受到证监会的处罚。让学生深刻理解"不做假账"是会计从业人员的基本职业道德和行为准则。

课堂小结与思考

1. 课堂小结

该部分内容借助上市公司财务造假真实案例,以及证监会对上市公司财务造假的处罚决定,让学生们提高识别财务造假的辨识能力,了解国家在整治财务造假中采取的措施和决心,让学生们明白所有会计人员必须以诚信为本,操守为重,遵循准则,保证会计信息的真实、可靠。引导学生树立正确的价值观和职业道德,坚定树立"不做假账"的思想。

2. 思考题

LC 咖啡是中国最大的连锁咖啡品牌。2019 年 5 月 17 日,LC 咖啡登陆纳斯达克,融资 6.95 亿美元。到 2019 年年底,LC 咖啡直营门店数达到 4 507 家,超过了星巴克。而在 2020 年 1 月 31 日,知名做空机构浑水声称,收到了一份长达 89 页的匿名做空报告,直指 LC 数据造假。2020 年 4 月 2 日,LC 咖啡发布公告,承认虚假交易 22 亿人民币,股价暴跌 80%,5 月 19 日,LC 咖啡发布公告称,收到纳斯达克交易所通知,要求从纳斯达克退市。2020 年 4 月 22 日,中国银保监会相关负责人表示,LC 咖啡财务造假事件性质恶劣、教训深刻,银保监会将坚决支持、积极配合主管部门依法严厉惩处,对财务造假行为始终保持零容忍的态度,共同维护好良好的市场环境。

结合以上材料,思考会计职业道德在预防财务造假中的作用。

第五章

金融学课程思政案例

【基本情况】

金融学又称货币银行学,是经济类、管理类专业基础课、必修课。主要研究金融领域各要素及其基本关系与运行规律。具体而言,本课程主要讲授金融领域中的基本知识、概念和理论,具体包括货币、信用、利率与汇率、金融机构、金融市场、金融宏观调控与监管等方面的内容。通过本课程学习,使学生了解国内外金融的现状和存在的问题,树立良好的诚实守信的观念,掌握观察和分析金融问题的正确方法,培养经济类和管理类学生应当具备的正确观察、分析和解决当前经济领域面临的实际金融问题的能力,提高学生在社会科学方面的综合素养和思辨能力,为进一步学习和就业打下必要的基础。

【教学目标】

★知识目标 明确"三个支柱(货币、信用、银行),一个空间(金融市场),上有调控(中央银行为主导,运用货币政策,调控货币供求,实现货币均衡),外有扩展(国际金融)"的基本框架,掌握金融学的基本知识、基本理论,熟悉金融学分析经济问题的基本方法和范式,正确评价货币资金运动的相关理论,为后续课程学习打下坚实的专业基础。

★**能力目标** 掌握观察和分析金融问题的正确方法,培养经济类和管理类学生应当具备的正确观察、分析和解决当前经济领域面临的实际金融问题的能力,提高学生在社会科学方面的综合素养和思辨能力。

★**素质目标** 围绕金融基础知识和基本理论,理论联系实际,培养学生对货币、信用、金融机构、金融市场、金融安全、金融监管、资金供求关系以及货币政策动向的兴趣,提升专业素养;培养学生具有良好的思想政治素质,身心健康,诚实守信,勤于观察,独立思考,能在金融、会计等领域胜任研究、管理等工作。

★**思政目标** 以金融创新、金融安全和金融监管为线索,树立正确的世界观、人生观、价值观,具有服务社会的奉献精神和社会责任感;熟悉党史、新中国史、改革开放史和社会主义发展史,熟悉世情、国情、社情与民情,熟悉中国金融改革等方面的基本方针、政策和法规,坚持"四个自信";塑造唯物史观和辩证思维,倡导创新意识,培养求真务实的职业精神,坚守职业道德规范。

案例一

一场关于"钱"的革命——数字货币

一、知识点

数字货币的含义、特点与类型;央行数字货币的含义和特点,数字人民币的意义与最新发展进程。

二、育人目标

通过追踪数字货币发展前沿,提升专业素养;通过介绍数字人民币在研发设计、落地实测、试点城市扩展、应用场景激增等方面走在世界前列,增强学生的民族自信心和自豪感,同时让学生意识到创新意识的重要性;通过数字人民币发行意义的分析,强化学生的国家意识、主权意识和金融安全意识;从比特币等加密数字货币的大起大落,引导学生关注金融风险,倡导理性投资,树立正确的价值观。

三、案例内容

(一)新闻事件——央行推动数字人民币试点扩围

1. 事件概要

2022年9月19日,中国人民银行相关负责人在"第二届长三角数字金融产业创新周开幕式暨苏州市金融支持产业创新集群发展大会"上表示,将适时推动深圳、苏州、雄安、成都四地的数字人民币试点范围扩大至全省。

2022年3月31日,数字人民币试点从原来的"10+1"试点地区拓展到15个省市的23个地区。截至2022年5月31日,15个省市的试点地区通过数字人民币累计交易笔数约为2.64亿笔,金额约为830亿人民币,支持数字人民币支付的商户门店数量达到456.7万个。

深圳、苏州、雄安、成都四地是首批数字人民币试点城市。中国人民银行深圳市中心支行发布的数据显示,截至2022年8月末,深圳已落地数字人民币应用场景105万个,开立数字人民币钱包2 671万个,累计交易金额达

184亿元。近日,苏州举行的数字人民币试点工作半年度推进会披露,苏州数字人民币试点场景覆盖24个行业大类,数量达80万个。上半年,苏州共落地44个全国首创场景案例,领跑各试点城市。

随着数字人民币试点范围逐步扩大,将推动数字人民币应用场景持续创新,生态体系不断完善,走出一条具有中国特色的法定数字货币发展之路。

2. 相关资料

(1)数字人民币是中国数字经济时代的"新基建",将会重构中国货币与支付体系,专家指出:数字人民币在技术研发、试点应用、制度保障等方面走在国际前列,其发展具有内生优势。

(2)数字人民币支付又添新场景 都能怎么花?数字人民币可在哪些地方、哪些场景使用?数字人民币试点测试坚持"稳妥、安全、可控"的原则,以受邀的白名单用户小额交易为主。试点场景覆盖生活缴费、餐饮服务、交通出行、购物消费、政务服务等多个领域。数字人民币与一般电子支付工具处于不同维度,既互补也有差异,在未来将会长期并存。

(二)媒体报道——2022年以来,币圈"雷声阵阵",持续上演超级风暴

21经济网(21世纪经济报道官方网站)报道,《惨烈崩盘!超7万人爆仓18亿,华人首富"一夜返贫"》(节选)。

2022年6月中旬加密货币暴跌。"华人首富"赵长鹏身家缩水90%,全球首富马斯克也被套牢。加密货币市场7个月蒸发一个"苹果"。比特币价格24小时跌幅达到7.41%,连续七天小计跌幅达到33%,最低跌至为19 171美元,续刷2020年12月以来新低。第二大加密货币以太币持续暴跌,距此前最高位下跌近80%,为2021年1月以来的最低水平。

数据显示,截至6月18日23时,数字货币领域共有7.7万人在过去24小时内被爆仓,爆仓总金额为2.7亿美元(约合人民币18亿元)。

据每日经济新闻的测算,加密货币现在的总市值约为9 000亿美元,低于11月的3万亿美元。也就是说,短短7个月的时间加密货币市场已经"蒸发"掉了2.1万亿美元,接近于一个苹果(AAPL,股价131.56美元,市值2.13万亿美元)的市值。

比特币进入至暗时刻,矿机开机就亏钱。严重依赖币价的矿工也损失惨重,比特币市场已进入一个熊市周期,并且链上交易量基本面正进一步恶化。

据《中国基金报》报道,加密货币的热潮使赵长鹏、山姆·班克曼·弗里德、迈克·诺沃格拉茨和其他一些数字资产持有者成为了亿万富翁。但现在他们的财富正以惊人的速度消失。从2021年11月9日比特币历史高点6.9万美元至今徘徊于2.1万美元附近,加密货币交易所FTX的30岁执行长山姆·班克曼·弗里德,财产仅剩89亿美元,比他资产峰值260亿美元相比,身家损失66%。Coinbase创始人布莱恩·阿姆斯特朗的财富从137亿美元蒸发至仅剩21亿美元,已缩水85%。

虚拟货币的跳水也让此前看好比特币的特斯拉很"受伤",与2021年初花费15亿美元购买比特币相比,特斯拉在投资这种数字货币时损失近6亿多美元。

(三)数字人民币发展进程

数字人民币的发展经历了三个阶段:

(1)理论初探阶段(2014—2017年)。2014年,中国人民银行成立法定数字货币研究小组,开始对发行框架、关键技术、发行流通环境及相关国际经验等进行专项研究。2016年,成立数字货币研究所,完成法定数字货币第一代原型系统搭建。

(2)研发设计阶段(2017—2019年)。2017年央行数字货币研究所正式挂牌成立,基于区块链的数字票据交易平台测试成功;2018年数字票据交易平台实验性生产系统成功上线运行,2019年央行支付结算司表示央行数字货币汇率将采用双层运营体系。

(3)加速发展阶段(2020年至今)。2020年4月,数字人民币先行在深圳、苏州、雄安、成都及未来冬奥会场景进行内部封闭试点测试,8月京津冀、长三角、粤港澳大湾区及中西部具备条件的试点地区开展数字人民币试点。2021年3月,国有银行开始推广数字人民币钱包。2021年5月,数字人民币接入支付宝在上海进行试点。2021年7月,央行发布《中国数字人民币的研发进展白皮书》。截至2022年5月,数字人民币试点地区已稳健扩围至15个地区23个城市,试点场景已超过800万个。

目前,数字人民币已基本完成顶层设计、功能研发、系统调试等工作,正遵循稳步、安全、可控、创新、实用的原则,选择部分有代表性的地区开展试点测试。

四、教学设计

(一)课前准备

1. 设置讨论话题(对全体同学)

提前通过"学习通"在线开放平台的课程讨论区设置数字货币的讨论话题,让学生围绕数字货币、数字人民币、加密货币、比特币这些关键词提交一篇学术论文或相关新闻报道,并进行简短点评,也可以把疑问发在讨论区。提出问题让学生讨论:"数字货币和加密货币是一回事吗?""数字人民币和加密货币有什么不同?""从全球范围看其发展和推进处于怎样的位置?"

2. 提供学习资源

通过"学习通"在线开放课程平台，向学生提供课前预习的资源。学生可以方便查询数字货币、数字人民币和加密货币的相关课件、微课视频、新闻视频等（注意：需根据数字货币、数字人民币、加密货币的最新发展，不断更新内容），课前自学完毕后，完成相关测验，学生带着疑问进课堂，有利于实现翻转课堂，提高学习效率。

3. 布置演讲话题（针对4人演讲小组）

结合数字货币部分设计的演讲话题是："关于比特币"。一个四人小组，针对"比特币"话题进行演讲，自主组织内容，全员参与，每人三分钟（演讲成绩计入期末综合考评），让学生对数字货币、虚拟货币、比特币有一些初步认识，以便在讲解数字货币、数字人民币时方便对比。

（二）知识讲解与思政元素的融入

1. 数字货币的概念、类型

结合课前演讲，进行简要点评，自然展开本节课的知识点。首先，通过"启发式"互动，翻转课堂，让学生逐步界定数字货币的概念和类型。

接下来，引出讨论话题：数字货币和加密（数字）货币是一回事吗？分析得出结论，数字货币是一种以数字形式呈现的货币。它承担了类似实体货币的职能，能够支持即时交易和跨境的所有权转移。数字货币类型有加密（数字）货币和央行数字货币两种。加密数字货币可以被看作数字资产，极具波动性；央行数字货币则是一种稳定币，由央行发行。

思政元素导入：2022年以来，币圈"雷声阵阵"，持续上演超级风暴。通过近五年比特币等加密数字货币价格的剧烈变动，认清加密数字货币不能成为货币的本质，提醒学生远离"币圈"，不要对一夜暴富心存侥幸，理性投资，树立正确的价值观。

2. 央行数字货币的特点

通过对比讲授的方法,将央行数字货币与传统纸质货币、微信、支付宝、比特币、Libra(Diem)等相似概念放在一起,在是否是货币、与法币的关系、发行主体、应用场景、运行原则、监管难度等方面进行比较,明确央行数字货币的特点。

3. 数字人民币的意义

通过讲授法讲解数字人民币的五个意义:①降低监管难度;②法偿性,零成本;③满足部分匿名支付需求;④重塑贸易结算体系;⑤保护货币主权。

接着,推出新闻事件"央行推动数字人民币试点扩围",通过播放视频《央视财经热评·数字人民币 梁婧:数字人民币已逐步成为数字中国的新基建》,让学生整体了解我国数字人民币的发展概况,数字人民币试点由点到面逐步推开,应用场景更加丰富、受理环境持续优化、使用频率逐步提高,在央行数字货币方面走在了世界前列,中国是这个领域举足轻重的参与者,这些事实能够有效地激发学生的民族自豪感。

接下来,结合我国数字人民币发展历程,让学生深刻意识到,货币形态的改变只是第一步,因为支付是整个社会经济生活的底层基础设施,通过数字货币这种电子化的办法把基础设施做好了,以后很多事情的成本都会降低,效率提高,会产生很多连锁反应,数字人民币建设是我国新基建的重要组成部分,数字人民币将会对未来的经济生活产生持续而深远的影响。数字人民币更早的发行,能提前卡位,守住中国的货币主权,强化学生的国家意识、主权意识和安全意识。

课堂小结与思考

1. 课堂小结

本节课重点介绍了数字货币的概念、类型,央行数字货币的特点、发行数字人民币的意义。通过本节课的学习,让学生更加明确央行数字货币不仅是货币形态的改变,更是经济生活底层逻辑的改变,数字人民币是我国的新基建。

2. 思考题

(1)为什么说数字货币是一场关于钱的革命?

(2)在大国博弈的背景下,数字人民币应用场景的不断扩大有什么积极意义?

案例二

从40年巨变看改革开放成就——票据市场

一、知识点

票据市场的概念及重要性;票据贴现的特征和类型;我国票据市场的发展。

二、育人目标

结合中国票据市场发展的三个阶段,融入"四史"教育、国情教育,让学生对我国的改革开放有更加深入的了解,从专业视角对国情有更多的认识,进一步理解我国经济高质量发展的重要性和必要性。

三、案例内容

(一)学术成果——中国票据市场四十年(1981—2021年)发展回顾与启示

1. 成果概要

票据市场的发展经历了三个阶段。

(1)起步探索阶段(1981—1994年)。1981年,我国第一笔同城商票贴现及跨省市银票贴现顺利完成,开启了票据融资业务办理的先河。国家陆续出台了一系列相关管理办法,票据业务不断增加,但整体发展缓慢。

(2)快速发展阶段(1995—2015年)。1995年,《中华人民共和国票据法》的颁布,成为票据市场发展的重要里程碑,票据市场制度体系框架逐步形成;受益于经济的快速发展,法律制度的进一步完善、电票系统的顺利建成以及票据作为重要信贷资产得到商业银行的广泛重视,票据市场规模快速增长,并且增速超过宏观经济增速。

(3)规范发展阶段(2016年—2021年)。2010年后,票据市场近乎疯狂的飞速发展埋下了大量的风险隐患,而这些风险在2016年集中暴露,给相关参与者造成了严重损失。这段时期,国家管理部门下决心严肃整治票据市场乱象,票据市场进入严监管阶段。也正是在这一背景下,上海票据交易所于2016年12月8日正式成立,2017年票据风险得以有效控制,2018年11月25日,数字票据交易平台实验性生产系统在上海票据交易所成功上线运行,2018年我国各大行相继推出"票付通""贴现通"搭载"企票通"平台,为商业承兑汇票的发展提供广阔空间。2021年5月,上海票据交易所对电子商业汇票系统(ECDS)和中国票据交易系统进行了全面优化升级。票据市场规模始终保持着稳健增长的态势。

票据市场40年来的发展变化是我国改革开放一个缩影。具体表现在:票据市场整体规模的巨变、票据市场结构的变化、票据市场科技应用水平显著、票据市场参与者多元化、票据创新层出不穷、票据利率市场化水平、票据市场风险控制,票据制度体系完善等诸多方面的变化,体现了从高速发展向高质量发展的转变。

2. 视频资料——央行下调再贷款再贴现利率

《财经中间站》在2020年7月1日的节目中报道了央行今起下调再贷款再贴现利率0.25个百分点的新闻。央行决定:①下调再贴现率0.25个百分点~2%;②下调金融稳定再贷款利率0.5个百分点;③调整后金融稳定再利率为1.75%,金融稳定再贷款(延期期间)利率为3.77%。

(二)媒体报道——中国票据市场十年改革发展硕果累累

据《第一财经》[①]报道,党的十八大以来,中国票据市场十年发展成效显著,取得丰硕成果。主要表现在:市场规模稳定增长,助力绿色低碳转型,市场创新层出不穷,基础设施加快完善,制度建设日趋健全,风控能力显著提升。

(1)服务实体成效显著。从企业融资成本来看,2012—2021年票据市场利率中枢整体下移,从2012年一季度的7.3%下移至2021年四季度末的2.3%,贴现利率的持续下行进一步降低了企业融资成本,有效缓解了企业融

---

① 第一财经,中国票据市场十年改革发展硕果累累;2022年8月29日;https://baijiahao.baidu.com/s?id=1740680716429672634&wfr=spider&for=pc

资需求。票据市场的稳定增长加大了票据对于实体经济的融资支持,覆盖面达到了86.67%。2021年票据贴现余额增长到9.9万亿,贴现余额占人民币贷款比重上升至5.1%,是短期贷款的30.7%,票据融资余额的增长为金融调控发挥了应有作用。票据是集支付、结算、投资、融资、交易、调控于一体的信用工具,功能作用完善,产品体系丰富,且具有成本低、准入门槛较低等优势,深受小微企业信赖。票据市场发展也始终坚持以服务小微企业为导向,并在服务小微企业发展方面做出了积极贡献。

(2)支持小微企业导向突出。从用票企业结构来看,十年来,票据市场中小企业始终保持着三分之二以上的占比,并呈现出不断上升的趋势,到2021年末,用票中小微企业数量已达到314.7万家,占比达98.7%,用票金额69.1万亿元,占比72.2%。从票据签发金额来看,2021年小微企业票据签发金额占比达到了39.3%,分别高于大型企业、中型企业签发金额占比4.2%、13.8%,仍然是票据签发金额最大的主体。从票面金额来看,2018年第三季度,票据承兑平均面额突破100万元,2021年末,银票平均面额下降至80.44万元,商票平均面额108.57万元,票据小额化发展更好地满足实体经济尤其是中小微企业资金需求。

四、教学设计

(一)课前准备

1. 设置讨论话题(对全体同学)

提前通过"学习通"在线开放平台课程讨论区设置讨论话题,提出问题"什么是票据市场""票据融资为什么对中小企业更重要?"让学生围绕"票据市场""票据融资"这一关键词提交一篇学术论文或相关新闻报道,并进行简短点评,也可以把疑问发在讨论区。

2. 提供教学资源

通过"学习通"在线开放课程平台,向学生提供课前预习的资源,方便学生查询学术成果、微课视频、新闻视频等,课前预习完毕后,完成相关测验,学生带着疑问进课堂,有利于实现翻转课堂,提高学习效率。

3. 布置演讲话题(针对4人演讲小组)

课前三分钟演讲,半开放式话题是"中小企业融资问题"。四人一组,全员参与。每人三分钟,自己组织内容。演讲成绩计入课程综合成绩,让学生对中小企业融资难问题有个基础认识,以便更好地理解票据市场对中小企业融资的重要性。

(二)知识讲解与思政元素的融入

1. 票据市场的概念、票据贴现的特征和类型

学生课前演讲引出"中小企业融资难"问题,结合课前预习及讨论话题"票据融资为什么对中小企业更重要",引出本节课的知识点。

首先,通过讲授法,讲解票据市场的概念、贴现的特征和类型。票据贴现市场是企业融通短期资金的场所,票据贴现的特征是利息先付。贴现有企业和银行间的贴现,银行间的转贴现,央行和商业银行间的再贴现三种类型。由于中小企业经营风险较大,缺乏抵押品等原因,其获得银行贷款、金融市场融资的可能性较小,所以通过票据融资就显得更为现实和重要。中央银行再贴现率的调整,会更加有针对性地影响到商业银行和企业的贴现规模和贴现成本,对遭受疫情冲击、身处困境、融资困难的中小企业有积极的作用。

接着,插入视频《央行今起下调再贷款再贴现利率0.25个百分点》,让学生理解,面对疫情冲击,中小企业举步维艰,央行及时降低再贴现率,对促进复产复工,提振实体经济、保就业、保市场主体的积极作用,让学生对国情、社情、宏观调控政策有更多了解和关注,提升专业素养。

2. 我国票据市场的发展

知识点讲解:从1981年我国第一张商业票据开始签发,到2021年5月上海票据交易所对电子商业汇票系统(ECDS)的全面优化升级,我国40年票据市场沧桑巨变,从无到有,从小到大,从"野蛮生长"到规范发展,经历了起步探索阶段(1981—1994年)、快速发展阶段(1995—2015年)和规范发展阶段(2016年—2021年),从重增长速度,到重规范、安全,也经历了一场从高速发展向高质量发展的蜕变。

思政元素导入:引用肖小和的《中国票据市场四十年(1981—2021年)发展回顾与启示》,用详实的资料和数据梳理我国40年票据市场发展史,它既是我国改革开放40年辉煌成就的一个缩影,也是我国社会主义发展的一个侧面。通过纵向对比,让学生真切地看到我国改革开放40年来经济发展取得的巨大成就,重点介绍票据贴现规模(贴现量、贴现额、年平均增长率)、票据贴现规范化、法制化以及票据市场科技应用水平方面的成就,对票据市场参与者的多元化、票据利率市场化、票据风险有效控制、票据制度体系的完善等方面的成就点到为止。与此同时,票据市场从"快速发展"到"规范发展"的转变,也能让学生更真切地感受到高质量发展的重要性和必要性。

课堂小结与思考

1. 课堂小结

本节课重点讲解了票据贴现市场的概念、特征、类型,介绍了我国票据市场从20世纪80年代初开始,经历了起步探索、快速发展、规范发展的三个阶段。通过学习,让学生清晰地知道票据贴现融资对中小企业的重要意义,央行再贴现率的下调降低了中小企业融资成本,有利于企业的复工复产;票据市场 40 年的成就是我国改革开放 40 年辉煌成就的缩影,让学生对我国的国情、社情有更深刻的认识。

2.思考题

2020 年 7 月,央行再贴现率发生了怎样的变动?这种变动对当时受疫情冲击的实体经济,尤其是中小企业产生了什么样的影响?

案例三

蚂蚁集团 IPO 为什么被叫停？——金融监管

一、知识点

金融监管的含义;金融监管的范围、手段和原则。

二、育人目标

通过详细拆解蚂蚁集团从蚂蚁到大象再到巨无霸的演变过程,透过大量的信贷业务、金融便利、金融创新,看清蚂蚁集团金融高杠杆经营的本质以及可能带来的巨大风险,强化金融安全的重要性,强化金融监管的必要性,提升学生们的金融安全意识、国家安全意识。

三、案例内容

(一) 系列新闻事件

1. 国务院:促进经济金融良性循环和高质量发展发布会(2022年3月2日)

2022年3月2日,中国银保监会主席郭树清在国务院新闻办举行的"促进经济金融良性循环和高质量发展新闻发布会"上对蚂蚁集团整改、农信社改革以及整顿影子银行等热点问题一一进行了回应。郭树清表示,五年拆解高风险影子银行25万亿元,坚决遏制资本在金融领域无序扩张。加强非金融企业投资金融机构的监管,筑牢产业资本与金融资本的防火墙。

2. 习近平关于"金融安全"重要讲话(2017年4月27日)

中共中央总书记习近平在中共中央政治局第四十次集体学习时强调,金融安全是国家安全的重要组成部分,是经济平稳健康发展的重要基础。维护金融安全,是关系我国经济社会发展全局的一件带有战略性、根本性的大事。金融活,经济活;金融稳,经济稳。必须充分认识金融在经济发展和社会生活中的重要地位和作用,切实把维护金融安全作为治国理政的一件大事,扎扎实实把金融工作做好。

习近平强调,金融是现代经济的核心。保持经济平稳健康发展,一定要把金融搞好。准确判断风险隐患是保障金融安全的前提。总体看,我国金融形势是良好的,金融风险是可控的。同时,在国际国内经济下行压力因素综合影响下,我国金融发展面临不少风险和挑战。在经济全球化深入发展的今天,金融危机外溢性突显,国际金融风险点仍然不少。一些国家的货币政策和财政政策调整形成的风险外溢效应,有可能对我国金融安全形成外部冲击。对存在的金融风险点,我们一定要胸中有数,增强风险防范意识,未雨绸缪,密切监测,准确预判,有效防范,不忽视一个风险,不放过一个隐患。

3. 蚂蚁集团拟上市,将成为全球最大 IPO(2020 年 10 月 27 日)

上交所官网显示,蚂蚁集团 IPO 初步询价已经完成,最终 A 股发行价确定为每股 68.8 元,总市值 2.1 万亿元,港股的发行价同日公布为 80 港元,刨除汇率影响后与 A 股基本持平。蚂蚁"A+H"两地上市,有望成为有史以来全球最大的 IPO。更具特殊意义的是,这也是史上第一次,科技大公司在美国以外的市场完成大规模定价。

4. 蚂蚁集团暂停上市(2020 年 11 月 5 日)

蚂蚁集团上市进程暂停事件引发外界广泛的关注,随即证监会就此事做出了最新的回应称:金融监管部门的监管约谈和近期金融科技监管环境的变化,可能对蚂蚁集团业务结构和盈利模式产生重大影响,属于上市前发生的重大事项,避免蚂蚁集团在此情况下仓促上市,是对投资者和市场负责任的做法,体现了敬畏市场、敬畏法治的精神,第二天上交所也对此回应称:暂缓上市是发行人及总主承销商根据实际情况做出的决定,上交所尊重并支持该决定,并会协助做好退还认购资金的工作,紧接着央行等四家监管机构对包括蚂蚁集团的实际控制人马云在内的多名高管进行了约谈,第二天消息传来,蚂蚁集团在两地的上市进程都被暂缓。

(二)蚂蚁集团发展历程

蚂蚁集团起步于 2004 年诞生的支付宝,经过十几年的发展,已成为世界领先的互联网开放平台。支付宝、余额宝、花呗等爆款产品已经深度嵌套进普通百姓的生活。从无到有,从小到大,它的发展经历了金融创新、野蛮发展、金融监管三个阶段。

1. 起步阶段:小而美的蚂蚁,充满创新活力

2020 年 7 月,蚂蚁集团的招股书中写到,取名"蚂蚁"始于一种信念:小即是美好,小蕴含力量(small is beautiful,small is powerful)。

蚂蚁及其前身(阿里小微,阿里小贷)做的,都是商业银行看不上的"小蚂蚁业务"。

先来看支付宝,2008年之前,个人支付结算在商业银行业务中属于"边角料"(以工商银行为例,2012—2021年支付结算业务营业收入占总收入的5%左右)。转账业务大多得去银行柜台,跨行转账要1~3个工作日,还要支付0.5%~1%的费用,收费高,烦琐迟缓。支付宝的快捷支付,改变了中国百姓的支付行为,大大减少了现金的使用,减少了找零的不便,提升了结算效率,促进了电子商务的迅猛发展,对整个银行"支付结算体系线上化"进程起到了倒逼和加速的作用。

再比如余额宝,更是打开了中国货币基金市场的大门,也给中国百姓来了一次理财教育普及。成立于2013年6月的余额宝,在2017年曾一度成为全球最大的货币基金之一。

还有花呗、借呗,是消费信贷领域的拓荒者。过去的商业银行主要对房贷、信用卡业务更感兴趣,而个人消费信贷、征信等业务,则被视同鸡肋。花呗、借呗的出现,对消费欲望强烈的年轻一代具有很高的黏度,同时,对小微商家的网商贷也颇为友好。而在商业银行那里,给小微企业贷款,不仅成本高,风险大,而且收益低,出力不讨好。

支付宝、余额宝、借呗、花呗、相互宝这些爆款产品,主要特点就是琐碎而细小,但都击中了个人结算、理财、融资等金融需求的痛点,基数巨大、黏性高,迅速成长为现象级的国民App。所以,蚂蚁集团在短时间又吸引了上亿流量,成长为体量庞大的"大象"。在数字时代,流量的优势日益凸显,在一定程度上,其重要性超过了资产规模和网点数量。蚂蚁集团背靠阿里拥有7亿多月活用户,8 000多万活跃商家,还掌握着海量的消费行为、理财行为、交易行为的数据,蚂蚁集团成为了真正的庞然大物。

2. 野蛮发展阶段：蚂蚁集团变身"巨无霸"，高杠杆加剧系统性风险

2015 年后，经济下行，中小企业信贷需求逐步萎缩，进而导致中小区域性银行利润快速下降，不得不将客源转移到线上。而线上竞争日趋激烈，既有银行服务渠道下沉抢夺企业客源，又有互联网金融抢夺个人客户，中小区域性银行为了生存，不断调高风险偏好。资金大量流入 P2P 等各种影子银行，系统性风险逐步显现，监管层开始了新一轮的去杠杆政策。在此背景下，区域性中小银行与蚂蚁集团一拍即合：区域性中小银行有资金来源，但没有获客能力和技术能力，而蚂蚁集团恰好有海量的数据和领先的技术，双方各取所需，所以蚂蚁集团很快成长为"大象"。

蚂蚁集团促成的贷款余额，从 2017 年的 6 475 亿元到 2020 年上半年的 2.15 万亿元，不到三年增长三倍多，增势迅猛，其中个人消费信贷超过 1.7 万亿，远超工商银行的个人业务（即信用卡应收款加个人消费贷还不足 1 万亿），蚂蚁集团的体量急剧扩大。

但是一个不容易被发现的问题是：如此庞大的体量中，98% 的资金来自于 100 多家合作银行，只有 2% 的资金是蚂蚁旗下小贷公司的出资。换句话来讲，我们借的"花呗""借呗"大部分是银行出钱，但银行不掌握风控和客户，由蚂蚁集团提供"客户触达、智能商业决策与动态风险管理解决方案"（出自蚂蚁招股书）。简单来说就是蚂蚁集团出流量做风控，而商业银行成了出资方，蚂蚁集团主要的角色变成了通道，出钱的银行沦为配角，不仅没有话语权，而且还被不出钱的蚂蚁集团分走了 30%～50% 左右的利润。

此时的蚂蚁集团已经不再是"蚂蚁"，早已演变成一个"巨无霸"，并且以一个高杠杆的模式具有了系统重要性。比如，"蚂蚁模式"已经将 100 多家商业银行绑在了一条船上，如果蚂蚁集团的风控模型出一点偏差，100 多家商业银行的风险都会上升，进而传导至整个金融市场。再比如，蚂蚁集团覆盖超过 7 亿月活跃用户，以及 8 000 多万家支付宝月活跃商家，业务涉及支付、信贷、保险和基金销售，这意味着它拥有了对金融资源的配置能力，蚂蚁集团最赚钱的业务主要是消费信贷业务，其收益占蚂蚁集团总利润的90%，仍然是利差收入，而其小而美的金融创新项目，并没有赚钱。这无异于用新业态的瓶子装老业态的酒，其实质是监管套利。

对高杠杆模式的担忧，对金融秩序的挑战，激起了高层巨大反响：金融监管部门联合出动，对蚂蚁的实控人、董事长、总裁进行监管约谈，蚂蚁上市被暂停。

3. 蚂蚁集团的未来：金融去杠杆，化解系统性风险

首先，蚂蚁集团的杠杆率要大幅降低：以前蚂蚁集团出资2%，商行出资98%的联合贷模式就一去不复返了，网贷业务的杠杆率必须大幅降低，合作贷款现在要求单方出资不得低于30%。

其次，金融业务全面纳入监管：花呗、借呗业务从蚂蚁集团剥离，2021年6月新成立的蚂蚁消费金融公司，作为持牌金融机构，全面纳入银保监会的监管体系。2021年9月开始，任何人的花呗记录也像银行借贷信息一样，被全面纳入央行征信系统，这也同样是降杠杆。按照监管规定，消费金融公司资本充足率不得低于10.5%。也就是说，消费金融公司最多也就能放10倍杠杆。按照目前蚂蚁消费金融80亿元的注册资本计算，放10倍杠杆后可以放贷800亿，再按联合贷款30%的出资比例，最多也就能放贷到2 600多亿的规模，相当于过去最大信贷规模的1/8左右。

最后，蚂蚁集团的未来只有三个选择：①降低信贷业务规模；②提高自有资金比例；③退回到技术服务角色，把信贷的主导权还给银行。过去高杠杆、高利润带来高估值的做法，一去不复返了，而对于具有系统重要性的金融机构进行金融去杠杆，不仅势在必行，而且在相当程度上化解了系统风险。

四、教学设计

(一)课前准备

1. 设置讨论话题(对全体同学)

通过学习通在线开放课程平台,提出问题让学生讨论:"什么是金融监管?""为什么要管?""管什么?""如何管?""如果蚂蚁集团顺利上市,将面临怎样的风险?"等一系列问题。

2. 提供教学资源

通过学习通在线开放课程平台,向学生提供课前预习的资源①。学生可以方便查询蚂蚁集团2020年10月前后的相关新闻报道;2017年4月习近平总书记在中共中央政治局第四十次集体学习时强调"金融活,经济活;金融稳,经济稳 做好金融工作,维护金融安全",课前自学完毕后,完成相关测验,学生带着疑问进课堂,有利于实现翻转课堂,提高学习效率。

3. 布置演讲话题(针对4人演讲小组)

课前三分钟演讲,半开放式话题是"美林银行倒闭案"。四人一组,全员参与。每人三分钟,自己组织内容。演讲成绩计入课程综合成绩。让学生对"金融监管的必要性"问题有个基础认识,以便更好地理解金融监管的概念、范围、手段和原则。

---

① 学习资源包括:①深度解读蚂蚁金服为什么IPO闯关失败;②史上最大IPO来了:蚂蚁集团IPO定价68.8元,市值碾压工商银行;③金融安全是国家安全的重要组成部分,等等。

(二)知识讲解与思政元素的融入

1. 金融监管的含义

课前演讲"美林银行倒闭案",让学生明白,缺乏金融监管,28岁的尼克·里森就可以搞垮一个百年老字号银行,从而自然联系到讨论话题:"什么是金融监管?为什么要监管?"

通过讲授法讲解金融监管的含义。金融监管是金融监督和金融管理的总称,是指中央银行或其他金融监管当局依据国家法律法规的授权对整个金融业实行监管。监管目标:①保护存款人和债权人的合法权益;②规范金融机构行为,提高信贷资产质量。

接着插入系列新闻《国务院:促进经济金融良性循环和高质量发展发布会》,引出监管当局对蚂蚁集团的整改;插入视频素材《习近平关于"金融安全"的重要讲话》,强化金融安全的重要性;结合视频素材《蚂蚁集团拟上市,将成为全球最大IPO》,强化金融监管的必要性,提升学生的国家经济安全意识、金融安全意识。

2. 金融监管的范围、手段和原则

通过讲授法,讲解金融监管的范围、手段和原则。

(1)金融监管范围:①市场准入的监管(机构的人员、资本、能力、制度等个人资格管理);②市场运作过程的监管(资本充足性、流动性、业务范围、贷款风险控制、外汇风险管理、准备金管理、存款保险管理);③市场退出的监管(接管、解散、撤销、破产)。

(2)监管手段:①依法监管;②运用金融稽核手段;③监管原则:依法管理原则,合理、适度竞争原则,自我约束与外部强制相结合原则(内外),安全稳健与经济效益相结合原则。

结合蚂蚁集团的发展历程(金融创新、野蛮发展、金融监管),看清蚂蚁金融高杠杆经营的本质以及可能带来的巨大风险,理解金融安全的重要性,强化金融监管的必要性。插入"蚂蚁集团暂停上市"的相关新闻报道,理解金融监管的目的:即坚决遏制资本在金融领域无序扩张,加强金融监管,筑牢产业资本与金融资本的防火墙,避免发生系统性金融风险,防患于未然,通过实际案例讲解,让学生更好地理解监管范围、监管手段和监管原则。

课堂小结与思考

1. 课堂小结

重点掌握金融监管的含义、范围、手段、原则。通过解析蚂蚁集团 IPO 被叫停的原因——高杠杆经营,潜在风险巨大,让学生理解金融监管的重要性、必要性,提升国家经济安全意识、金融安全意识。

2. 思考题

结合蚂蚁集团 IPO 被叫停事件,谈一谈你对金融监管原则、金融安全的认识。

第六章

管理学课程思政案例

【基本情况】

管理学是会计学专业的学科基础课,是研究如何合理组织和协调人类活动,以提高稀缺资源利用效率、增加人类福利的科学。该课程主要涵盖管理理论发展史,五大管理职能的基本理论和方法,其主要任务是培养学生应用管理学基本理论和方法解决管理者有效管理的问题,训练学生的管理思维(如权变思维等)和管理能力(如沟通能力等),帮助学生奠定后续管理类专业课程学习的基础。

【教学目标】

★知识目标　熟悉管理学基本原理,系统掌握管理学主要管理思想、管理职能,了解本学科相关的理论前沿及发展动态。

★能力目标　具备信息管理能力,能有效收集、分析、处理信息,借助大数据技术开展管理活动;具有较强的沟通和协调能力,能够通过口头和书面表达方式与客户、同事、同行、政府、社会公众等进行有效的沟通和协调;具有国际视野和跨文化理解能力,关注全球重大问题,理解和尊重世界不同文化的差异性和多样性;具备自主学习和研究能力,能应用定性、定量的分析方法解决管理学问题;具备发现组织管理问题的敏锐性和判断力,掌握创新创业技能、项目管理能力,能应用批判性思维不断尝试理论或实践创新。

★素质目标 具有良好的道德修养和社会责任感、积极向上的人生理想、符合社会进步要求的价值观念、爱国主义的崇高情感、良好的商业道德和职业素养。

★思政目标 掌握习近平新时代中国特色社会主义思想,树立辩证唯物主义和历史唯物主义世界观和方法论;拥护党的领导和社会主义制度,具有较强的形势分析和判断能力;认识中国特色社会主义制度优越性,树立社会主义核心价值观;借鉴党的组织管理经验,汲取中国传统文化思想精华;等等。

案例一

不同制度环境下的共同富裕比较分析

一、知识点

泰勒科学管理的重大心理变革——共同富裕、不同制度下共同富裕思想内涵的本质区别。

二、育人目标

激发学生关注和参与共同富裕伟大实践的热情,提升学生对中国特色社会主义制度优越性的认知水平。理解当今中国正在探索的共同富裕的本质，进一步明确社会主义制度支持下的共同富裕具有不同于资本主义国家的目标和战略基础，认清资本主义剥削本质，及共同富裕在资本主义制度下实施的局限性，提升学生的社会主义制度自信。

三、案例内容

（一）科学管理中的劳资双方"最大限度的富裕"及其机制脆弱性

100多年前，泰勒宣称："科学管理在实质上包含着要求在任何一个具体机构或工业中工作的工人进行一场全面心理革命，要求他们在对待工作、同伴和雇主的义务上进行一种全面的心理革命。此外，科学管理也要求管理部门的人（如工长、监工、企业所有人、董事会等）在对管理部门的同事、对他们的工人和所有日常问题的责任上，进行一场全面的心理革命。没有双方的这种全面的心理革命，科学管理就不能存在"。

他指出，"在科学管理中，劳资双方在思想上要发生的大革命就是：双方不再把注意力放在盈余分配上，不再把盈余分配看作最重要的事情。他们将注意力转向增加盈余的数量上，让盈余增加到使如何分配盈余的争论成为不必要。他们将会明白，当他们停止互相对抗，转为向一个方面并肩前进时，他们的共同努力所创造出来的盈利会大得惊人。他们会懂得，当他们用友谊合作、互相帮助来代替敌对情绪时，通过共同努力，就能创造出比过去大得多的盈余"。劳动生产率提高了，不仅工人可以多拿工资，而且资本家也可以多拿利润，从而可以实现双方"最大限度的富裕"[①]。

---

① 李珍刚.泰罗科学管理理论体系及其启示[J].广西民族学院学报（哲学社会科学版），2002(S1):65-68.

泰勒的科学管理理论强调,要精心选人、用人并加以培训,让他们做能够做得最好的工作[①],起初提高了劳动生产效率,但随着工人的觉醒、工会组织的发展、经济危机的加剧、科学技术的发展,该理论方法不再有效提高生产率增加利润,在推广过程中遭到工人的抵制,科学管理被称为是"血汗工资制度",是资本家最大限度压榨工人血汗的手段,是大多数工人无法忍受和坚持的。同样,资本家也持反对意见,认为这套办法给了工人更多好处,提高了工资,管理人员分离出来,增加了非生产人员的开支;用科学方法取代传统经验管理影响了资本家的权威。

(二)中国共同富裕的理论及其制度基础的牢固性

共同富裕是社会主义的本质规定和奋斗目标,是中国共产党人始终如一的根本价值取向,也是中国特色社会主义的根本原则。习近平总书记说"要坚守人民情怀,紧紧依靠人民,不断造福人民,扎实推动共同富裕",围绕人民生活幸福才是"国之大者"。共同富裕在党的二十大报告中出现了八次,指出实现全体人民的共同富裕,一方面是由中国共产党性质宗旨决定的,另一方面也是由中国特色社会主义制度决定的,是中国式现代化的一个显著特征。

在共同富裕背景下,除了社会生产力水平的提升,满足人们对美好生活的需要成为企业存在的意义追寻、价值映射和长期追求,经济价值和社会价值在企业层面更进一步具有一致性,培育价值共享的商业生态,建立机会公平和结果公平的共享机制[②],是企业的长期追求。

---

① 罗珉.新现代泰罗主义述评[J].外国经济与管理,2005(4):15-21.
② 徐飞,苏勇,何志毅,等.管理学与共同富裕[J].上海管理科学,2022,44(1):1-23.

四、教学设计

(一)课前准备

安排学生课前阅读泰勒的《科学管理原理》及科学管理相关文献,帮助学生了解100年前的管理;同时安排学生观看授课视频《公司的力量》1~3集,了解公司对国家和社会的巨大贡献,进而理解学习公司管理的意义。

(二)课堂导入

通过影视资料将学生带入100多年前的社会场景,请学生思考泰勒在美国国会听证会上提出的工人与资本家的心理变革与劳资双方的共同富裕,并与现阶段我国开展的共同富裕实践进行比较。

(三)知识讲解与思政元素的融入

1. 泰勒科学管理实验的前提:劳资双方开展一场心理变革

首先,对学生做心理测试。请学生模拟职场中的雇员,在设定组织变革的背景下,测试学生选择与业主合作提升效率的愿意强度,就学生为何愿意尝试改变展开讨论,帮助学生理解双方均要做出思想、行动上的改变才可能实现共同富裕。

然后,通过图示法,并以"一个直径为一米的蛋糕的百分之一,也远比直径为一厘米的蛋糕的百分之百要多得多"的事实为例,解释零和博弈与非零和博弈的差异。进一步,让学生延伸理解我们国家提出的人类命运共同体伟大战略的共赢思想。

最后,以实验证明合作的效果,领会"资方和工人紧密、亲切和个人之间的合作,是现代科学或责任管理的精髓。"以铁锹实验为例,每个工人每天的平均搬运量从原来的16吨提高到59吨,工人每日的工资从1.15美元提高到1.88美元,而每吨的搬运费从7.5美分降到3.3美分。对雇主来说,关心的重点是成本的降低,而工人关心的则是工资的提高,所以泰勒认为这就是劳资双方进行"精神革命"、开展合作的基础。

合作的前提是信任,调和劳资矛盾关键也是资方要赢得工人的信任。只有劳资双方开展一场重大的思想革命,工人感受到资方的改革决心,资方承诺不再"鞭打快牛",才可能变对抗为合作,将注意力转向创造更大的"蛋糕"而不是只盯着分配,合作才能达到双赢的局面。

2. 中国特色的共同富裕思想及实践

进一步结合中国大地上正在开展的共同富裕伟大实践展开对比和讨论。先领着学生领会习近平总书记在中央财经委员会第十次会议关于共同富裕的重要论述。然后以新闻和视频等方式让学生了解浙江共同富裕示范实践经验,胖东来等企业内部共同富裕实践经验。

3. 总结不同制度基础上的共同富裕

通过学习得知泰勒制在资本主义社会迅速推广,受到西方社会的普遍赞誉,起初确实对提高工人的劳动生产效率起到了极大促进作用。后来,泰勒科学管理之所以受到工人的抵制,在于资本的剥削属性和贪婪性,资方与工人的信任比较脆弱,随着工人工资的上涨,再次出现"鞭打快牛"现象。

在"社会主义"这一概念中包含了作为社会主义经济基础的公有制和作为社会主义分配原则的按劳分配。社会主义本质的实现,要以公有制和按劳分配的存在为前提。最能体现社会主义本质是两个方面的规定:①快速发展生产力;②实现共同富裕。它涵盖了生产力和生产关系两方面。发展生产力,是实现共同富裕的物质条件;而消灭剥削,消除两极分化是实现共同富裕的社会制度条件[①]。

共同富裕是中国共产党执政理念的基本要求之一。就理想、理念和社会制度安排方面，社会主义和资本主义有根本的不同。就效率与公平而言，资本主义更注重效率，效率优先兼顾公平，社会主义更注重公平，公平优先兼顾效率。

课堂小结与思考

1. 课堂小结

实施共同富裕的变革是资方应对日益严重的劳资矛盾做出的妥协，并未从根本上真正提高工人的劳动报酬。科学管理理论也有较明显的缺陷，即对工人人性假设存在不足、应用场景有局限性，尤其是该理论更多站在资方立场进行实验和研究，更多代表了资方的利益，当工人待遇提高之后，资本贪婪、剥削的本性复现，所以在后期实施过程中受到工人的抵制，以至于劳资双方陷入更深的矛盾中。

通过不同制度基础上的共同富裕对比，让学生感受到社会主义国家的人民利益至上与资本主义国家的资本利益至上的本质差别，真正的共同富裕蕴含着非零和博弈的思想理论基础，以社会主义制度环境作为实现条件，具有长期性、广泛性、公平性、高阶性。

2. 思考题

如何评价"胖东来95%的利润对员工分红"的政策，谈谈你对共同富裕可持续模式的理解。

---

① 卫兴华,黄丽云.深化对中国特色社会主义经济理论的认识:卫兴华教授访谈录[J].东南学术,2015(5):4-11.

案例二

霍桑实验中的科学品质与人本观

一、知识点

霍桑实验的主要实验过程、实验研究方法及人际关系学说。

二、育人目标

厚植严谨求实的科学精神。理解霍桑实验历时九年、历经四个阶段艰辛的过程，理解其内容设计、实施过程及研究结果的科学性，及实验人员科学探索中坚韧、求真的可贵精神，使学生珍惜前人的研究成果同时也要明白其时代局限性，从而激发起继续探索的热情，帮助学生理解管理要想达到科学高效，务必秉持务实创新、求真严谨的科学精神，体会社会科学实验研究方法的科学性。

帮助学生树立正确的人本观，遵循人本性开展管理。坚持一切从人出发，以调动和激发人的积极性和创造性为根本手段，以达到提高效率和人的不断发展为目的的观念。

三、案例内容

由哈佛大学心理学教授梅奥主持、在美国芝加哥西部电器公司霍桑工厂进行的霍桑实验是心理学史上最著名的实验之一，实验首次正式将社会学、心理学引入到管理领域，显著提高了工业时代的生产效率，否定了西方管理学中原有的"经济人"理论,使管理学界重新审视人的因素,促成了行为科学管理的产生。

霍桑工厂生产电话交换机,拥有较完善的娱乐设施、医疗保险及养老金制度,但工人仍感到不满足,工作效率不理想。1924年,梅奥教授主持这个持续了9年的实验,目的是寻找工作条件、社会因素与生产效率之间的关系,分为照明实验、福利实验、访谈实验、群体实验、态度实验,结果发现:工厂生产效率与车间的照明时间、休息时间等物理的、生理的因素关系不大,安全感及和谐的人际关系比工资、工作条件等外在因素影响更大,工作心理上的满足是霍桑实验中生产率变化的原因,计件激励计划的实施结果表明了无形群体压力的显著影响,霍桑实验说明社会环境下理解人类行为的重要性。1933年,梅奥在系统总结霍桑实验基础上出版了《工业文明中的社会问题》,提出了社会人理论、非正式群体理论、士气理论、人际关系型领导者理论[①]。

四、教学设计

(一)课前准备

安排学生课前阅读行为科学管理相关文献及老师推荐的"职场霸凌"阅读材料,请学生从行为科学的视角提出职场工作效率的主要影响因素。

(二)课堂导入

引导学生理解重大管理思想是伟大实践或社会矛盾激化的产物。简要介绍霍桑实验开展的背景,请学生模拟场景并思考可能的实验结果。

---

① 杨青芳."霍桑实验"对高校基层教学管理人员职业倦怠的启示[J].内蒙古师范大学学报(教育科学版),2014,27(5):94-96.

(三)知识讲解与思政元素的融入

1. 霍桑实验中的科学品质

(1)学生课前查阅资料。网络搜索人际关系理论创始人、霍桑实验主持人梅奥的生平资料;了解其代表著作《组织中的人》和《管理与士气》的核心思想。

(2)课堂上老师通过影像资料、图片等,系统介绍学生容易理解的劳动场景,还原在美国西方电器公司霍桑工厂长达九年的实验研究,了解其所处时代的技术、制度背景和工作场景,围绕着提高劳动生产效率,解决工人与资方的矛盾,引导学生分析行为科学理论产生和发展的必然性、科学性、创新性和局限性。师生共同总结管理学家梅奥值得学习的科学、求真等精神,及其对人类管理发展的影响。

(3)师生共同总结管理学家梅奥值得学习的科学、求真等精神,及其对人类管理发展创造的伟大贡献。霍桑实验对古典管理理论进行了大胆的突破,第一次把管理研究的重点从工作和物的因素转到人的因素上来,不仅在理论上对古典管理理论做了修正和补充,开辟了管理研究的新理论,还为现代行为科学的发展奠定了基础,对管理发展具有划时代的意义。

2. 霍桑实验中的人本观

(1)通过霍桑实验让学生明确企业员工满意才能成为企业发展的动力之源。让学生模拟实验,体会"人、财、物是企业经营管理必不可少的三大要素,而人力又是其中最为活跃,最富于创造力的因素"的认知。进而明确即便有最先进的技术设备,最完备的物质资料,没有了人的准确而全力的投入,所有的一切将毫无意义。

"只有满意的员工才是有生产力的员工"。企业的管理者既要做到股东满意、顾客满意,更要做到员工满意。针对不同的员工,不同层次的需求分别对待。要悉心分析他们的思想,了解他们的真正需要,不仅要有必要的物质需求满足,还要有更深层次的社会需求的满足,即受到尊重,受到重视,能够体现自我的存在价值。例如,在管理过程中为了满足员工的社会需求,可以加强员工参与管理的程度,通过民主管理、民主监督的机制,增加他们对企业的关注,提升其主人翁的责任感和个人成就感,将他们的个人目标和企业的经营目标完美地统一起来,从而激发出更大的工作热情,发挥其主观能动性和创造性。

(2)通过霍桑实验让学生感受有效、亲善的沟通方式有利于提高员工满意度。师生体会分享福利实验。新一代的管理者更应认识到对人管理的艺术性。员工普遍不喜欢那种高谈阔论,教训下属,以自我为中心的领导方式。

关注访谈实验,梅奥已注意到亲善的沟通方式,不仅可以了解到员工的需求,更可以改善上下级之间的关系,从而使员工更加自愿地努力工作。

(3)认识企业文化是寻求效率逻辑与感情逻辑之间的动态平衡的有效途径。从学生参与群体实验的讨论学习可知,发现非正式组织的存在是梅奥人际关系理论的重要贡献。员工是生活在集体中的一员,他们的行为很大程度上是受到集体的影响。只有个人、集体、企业三方的利益保持均衡时,才能最大限度地发挥个人的潜能。培养共同的价值观,创造积极向上的企业文化是协调好组织内部各利益群体关系,发挥组织协同效应和增加企业凝聚力最有效的途径。

课堂小结与思考

1. 课堂小结

本节课让学生领略了作为美国行为科学家、美国艺术与科学院院士的梅奥身上所具有的社会科学工作者坚韧毅力和孜孜以求的科学精神;霍桑实验是管理学历史中较为宏大的一次科学研究实验,让学生从实验整体设计、实验方法、过程、结果和发现的科学性及可复制性,再次体悟管理学的内在科学性,从而强化社会科学也是科学的认知,也让学生看到大规模访谈对话过程在科学研究中的重要作用。

管理理论发展史背后凝结了无数艰辛的科学实验和探索,在评价这些理论前,可以先通过还原法分析其诞生的必然性和创新性。理解理论形成具有时代的局限性,需要批判式思考和借鉴,同时也能包容理论与实践的不足,从而才能不断有更新的管理理念和技术手段迭代发展。

霍桑实验给我们的启示:管理不仅是对物质生产力的管理,更重要的是对有思想、有感情的人的管理。人才是企业最宝贵的资源,务必避免人力资源的浪费,才可能最大限度盘活"死"资产,因此要为员工营造快乐工作的氛围,激发员工们的创造潜力。

2. 思考题

假设针对新生代员工开展霍桑实验,你认为结论会有什么变化呢?

案例三

如何克服"磨洋工"提升劳动生产效率？
——科学管理中的科学精神和职业素养

一、知识点

泰勒科学管理原理的本质、主要内容及实验研究方法。

二、育人目标

了解泰勒的生平及其基于实验方法开展的科学管理研究，感知管理学家严谨求实的科学精神，及将工作当成享乐的勤奋自律的职业素养。

三、案例内容

19世纪末，美国工业大规模扩张和第一批伟大的一体化工业帝国的建立，呈现出高度的复杂性，而工业上采用的仍是传统经验管理方法，靠延长绝对劳动时间和增加劳动强度来赚取更多的利润，而那些习惯家庭生产和乡村生活的工人面对新的工厂体制和控制方式普遍不适应甚至抗拒（如"磨洋工"），加强劳动纪律、训练工人、协调劳资关系成为工业生产中的棘手问题。

弗雷德里克·温斯洛·泰勒（Frederiok W. Taylor，1856—1915）1878年进入美国密德维尔钢铁公司工作后，发现很多工人故意偷懒、磨洋工，由于不合理的工资制度使工人多劳不能多得，工人甚至实行有组织的偷懒，劳动效率十分低下。泰勒认为，造成这种状况的原因是没有制定标准化的生产方法和程序，特别是没有一个合理的工人日工作量标准；工人自主地确定他们的工作方法和工作数量,而管理者无法对他们进行控制。于是,泰勒从1880年开始在公司进行了长时间的实验和研究,总结出了一些关于管理的原则和方法,并将其系统化地写在了《计件工资制度》《车间管理》《科学管理原理》等著作中,并由此形成了系统的科学管理理论。泰勒的科学管理主要包括作业管理和组织管理两个方面。

现代科学管理的产生与作为复杂系统的大型企业的产生高度相关,科学管理理论植根于美国工业化突进中企业生产实践的客观要求,这是一种不同于已有的教会、军队甚至政府等组织的新的工厂体制及其提高生产效率的迫切要求,科学管理是环境的产物,因为它源于工业对效率的迫切需求。

四、教学设计

(一)课堂准备

安排学生课前观看《摩登时代》《跨越100年的战略家》《科学管理原理》相关影视、视频资料,了解泰勒生平,及其开展科学管理研究的时代背景,了解泰勒所处时代的技术、制度背景和工作场景。同步学习政治经济学,了解资本主义剥削本质。

(二)课堂导入

根据学生课前观看的相关影视、视频资料,请学生回忆及回答相关问题,引发学生思考司空见惯的"磨洋工"现象及其背后的深层次原因,进而模拟公司环境探讨提高生产效率的解决方案。

(三)知识讲解与思政元素的融入

模拟植树比赛的劳动场景,让学生写下提高种树效率的办法。还有,让学生观察快递小哥的工作,分析其提高效率的方法。然后将学生的做法与泰勒的实验法做一比较,体会科学研究的严谨性和趣味性。

师生共同总结管理学家泰勒值得学习的科学、自律等精神,以及对人类管理发展创造的伟大贡献。围绕着提高劳动生产效率,解决工人与资方的矛盾,科学管理原理中的标准化原理、劳动定额、一流工人、差别计件工资制均采用较为精确的计量工具,如秒表等测算出来。引导学生分析还原理论产生和发展的必然性、科学性、创新性和局限性。

泰勒认为,现行工资制度所存在的共同缺陷,就是不能充分调动职工的积极性,不能满足效率最高的原则。例如,实行日工资制,工资实际是按职务或岗位发放,这样在同一职务和岗位上的人不免产生平均主义。在这种情况下,"就算最有进取心的工人,不久也会发现努力工作对他没有好处,最好的办法是尽量减少做工而仍能保持他的地位"。这就不可避免地将大家的工作拖到中等以下的水平。这种"磨洋工"现象普遍存在,也是令管理者头疼的一大顽疾。在企业制度、文化健全的背景下,具有一定职业素养的大学毕业生更易受到企业的青睐,拥有较强职业素养也会成为人才的竞争优势。在学校通过给学生一些作业、比赛和训练项目,培养学生的匠人精神和追求专业卓越的精神,引入平凡岗位上的工匠,如28年茶水工杨容莲将影视剧拍摄片场一个普通的服务工作做到了极致、精湛,获得最佳专业精神奖的典型事迹。教诲学生用专业对应职业,以敬业换来事业。

课堂小结与思考

1. 课堂小结

科学管理理论很明显是一个综合概念。它不仅仅是一种思想,一种观念,也是一种具体的操作规程,是对具体操作的指导。首先,以工作的每个元素的科学划分方法代替陈旧的经验管理工作法;其次,员工选拔、培训和开发的科学方法代替先前实行的那种自己选择工作和想怎样就怎样的训练做法;再次,与工人经常沟通以保证其所做的全部工作与科学管理原理相一致;最后,管理者与工人应有基本平等的工作和责任范围。管理者将担负起其恰当的责任,而过去,几乎所有的工作和大部分责任都压在了工人身上。

2. 思考题

观察快递小哥的工作,谈谈这些体力劳动者劳动效率提升中算法的科学作用。

案例四

自主创新:"逆全球化"下的创新之道

一、知识点

自主创新过程管理;自主创新在新发展格局中的重要意义。

二、育人目标

让学生明确走自主创新发展之路不仅是中国发展的实践政策主题,而且是理论主题,甚至是历史主题。理解新发展格局下自主创新对企业战略决策能力、国家安全保障等的重要意义,增强危机意识和爱国情怀。

提高学生创新能力、培养学生科学精神和职业精神。引导学生参与社会实践和相关课题调研、学科竞赛、第二课堂等,培养学生对管理实践的观察能力、科学问题提炼能力、研究思路设计能力和研究的科学规范能力,增强学生通过科学研究训练解决问题的能力,激发其研究热情、促进科学价值观的形成,进而提升学生的批判性思维和思辩能力。

三、案例内容

(一)科大讯飞关键核心技术突破与国产替代历程

科大讯飞是我国人工智能产业中少数拥有自主知识产权并掌握关键核心技术的企业之一,也是产学研通力合作实现关键核心技术国产替代的领军企业典范。深度分析其关键核心技术突破与国产替代的赶超历程,探讨新兴产业后发企业兼顾基础技术科学的创新与市场控制权来克服关键核心技术困境的一般性创新规律。对此必须要回答两个关键问题:第一,语音产业关键核心技术困境的突破过程是什么?第二,我国语音产业后发企业参与全球竞争完成赶超的驱动机制是什么?

1999年前,创始人带领公司团队有效整合语音技术资源开展基础研究。

2000年初,与语音领域的顶尖学术机构开展合作研究。

2010年,临近实现语音技术领先,成为开展全创新链解决方案的提供商。

2012年,语音云平台面向全世界开发者免费提供语音应用产品数据包。

2015年,制定了"用人工智能核心技术抢占国际领先制高点、同时保持活跃用户数快速增长、销售收入和毛利快速增长"的三大重点任务。

2018年,以时间换空间,构建起关键核心技术国产替代的核心竞争力。

2019年,被美国商务部列入实体清单,禁止供应三类芯片。

纵观科大讯飞从学习者、跟随者到引领者乃至产业标准制定者的角色转变过程,并非是一步一步地依赖"引进—消化—吸收—再创新"的传统产业二次创新模式,而是将基础技术科学研究与原始创新结合集成创新,一以贯之地落实在语音技术能力的发展轨道中。在原始创新与知识集成创新并行的互动演化过程中,实现了从知识引进到技术引领的国产替代全动态过程:即引进消化基础科学知识的同时开展知识内化与新知识搜寻,结合中国市场专注知识创造实现技术跟随,抓住机会窗口完成知识生产跨越进入新技术轨道,最后融入关键核心技术,深耕创新生态领域,成为产业标准制订者。

(二)科大讯飞 G、B、C 端融合的商业模式创新

科大讯飞是一家以 AI 教育为主营业务的科技公司。2021 年全年营收 183 亿元,同比增长 40%,连续 10 年的平均营收增长率超过了 25%,是罕见的高成长企业。在科大讯飞的总营收当中,教育产品占 34%,智慧城市占 27%,开放平台和消费者业务占 25%。

AI 企业"技术难落地、业务难盈利"已经成为投资界的共识,过去几年的 AI 投资热也降了不少温。科大讯飞是怎么找到自己盈利基本盘的呢?过程非常曲折。

科大讯飞的核心技术是智能语音识别,他们在这个领域深耕多年。但怎么把智能语音识别变成一个能够持续盈利的产品,却是一道大难题。最容易想到的思路就是直接面向 C 端卖软件。科大讯飞推出的第一套软件叫作"畅言 2000",可以用语音操作电脑、输入内容,相当于 PC 时代的 Siri,价格为每套 2 000 元。科大讯飞对这套软件寄予厚望,还下血本打出广告"会说话就会用电脑"。在 2000 年前后,这么贵的价格,使用体验也不够好,注定了这款软件根本卖不动。科大讯飞巨亏 2 000 多万元,差点倒闭。

此路不通,科大讯飞及时止损,转战 B 端。科大讯飞把他们的语音合成技术,做成智能电话客服系统卖给企业。华为、中兴、神州数码等 50 多家企业都向科大讯飞采购了智能客服。光是靠这些企业,还撑不起 B 端市场的生意。2005 年前后一个更大的机会来了,国内兴起了彩铃,科大讯飞开发了一

套"声动炫铃"系统卖给三大运营商,2005—2008年的净利润年复合增长率高达130%,科大讯飞也在2008年在深交所成功上市。

B端这条路算是走通了,但是很快,BAT等互联网公司都开始亲自下场做智能语音,并且由于它们手握海量数据,可以实现更快速的机器学习,科大讯飞早年建起来的技术"护城河"也没那么宽了。另外,还有思必驰、云知声等新锐语音技术公司在细分赛道快速成长。B端赛道顿时成为红海,科大讯飞的利润率也从2015年开始下滑。

这时候,科大讯飞开始在另一条赛道发力,这就是面向公共部门的G端市场。早在2004年,当时的教育部副部长到科大讯飞考察,提出可以在普通话考试中应用语音识别技术,科大讯飞抓住机会,通过开发普通话测评系统切入了G端教育赛道。后来,在B端遇到强劲对手的情况下,科大讯飞加快G端布局,研发了智能评卷系统、英语听说考试系统、因材施教系统等G端教育产品。目前,科大讯飞在英语听说考试系统中占有100%市场份额。

在G端教育市场拿下市场龙头地位之后,科大讯飞再回过头来,重新捡起被放弃的C端市场,开发学习机、词典笔等产品,在教育行业形成G端、B端、C端合围之势。比如,英语听说考试系统是一个G端产品,通过这个产品可以延伸出面向B端的听说课堂产品,以及再延伸出面向C端的智能硬件"英语通"等。再比如,科大讯飞为学校提供大数据精准教学产品,可以顺势把针对课后复习的学习机部署到学校,学生放学后自愿使用。要是觉得效果不错,家长就会愿意掏钱购买。如今,学习机成为科大讯飞另一个高增长的拳头产品。

这种G、B、C端融合的产品战略,既和典型的在线教育企业不同,也和一般的AI企业不一样。科大讯飞在不断的试错当中,走出了一条独特的商业模式。

(三)视频:根植"南繁硅谷"的海南崖州湾种子实验室自主创新实践

种子是农业的"芯片",农业增产很大程度上得益于种子的质量。海南是我国重要的农作物种子繁育基地,被誉为"南繁硅谷"。2022年4月10日下午,习近平总书记在海南省三亚市考察了崖州湾种子实验室,了解海南支持种业自主创新等情况。

据悉,崖州湾种子实验室依托和服务国家南繁科研育种基地,成立于2021年5月,已建成面积2.75万平方米,配备3 500台(套)仪器设备,已完成321亩高标准科研用田改造,配套建设"智慧农田"基础设施、现代化田间配套设施,已完成国家南繁生物育种专区一期3 280亩基础设施建设,并启动生物育种试运行工作和首单生物育种试验。党的二十大报告提出:"深入实施种业振兴行动",强调"强化农业科技和装备支撑","确保中国人的饭碗牢牢端在自己手中"。崖州湾种子实验室以种子创新和种业发展为导向,以国家战略任务为使命,通过项目牵引、开展联合攻关等方式,突破种子创新"卡脖子"关键核心技术,保障国家种子安全,助力我国种业高质量创新发展。每年冬春季节,数以千计的科学家、技术员从全国各地聚集到这里育种、制种。

四、教学设计

(一)课前准备

安排学生课前观看视频:根植"南繁硅谷"的海南崖州湾种子实验室自主创新实践,了解自主创新对我国的重要性,由海南崖州湾种子实验室自主创新的成功实践,总结创新的一般规律。

(二)课堂导入

由美国打压中国企业引发大家思考:"逆全球化"情境下中国企业创新发展,路在何方?全球正在经历世界百年未有之大变局的冲击,大国竞合博弈愈演愈烈,国际形势动荡、充满变数,"逆全球化"从经贸领域蔓延至科技领域。以美国为首的发达国家从科研人才、高新技术企业、科技体制和产业政策等方面打压中国科技发展,从我国国内创新情况看,"逆全球化"已经严重冲击了企业的创新模式,事实一再证明,受到的打压越大对关键核心技术突破及国产替代的倒逼效果越好。

(三)知识讲解与思政元素的融入

在讲授管理学课程自主创新时,紧扣本案例详细介绍科大讯飞在核心技术突破和商业模式创新的成长历程,理解自主创新的内涵、过程及战略意义。介绍卡脖子的两类"芯片"工程自主研发进展,以华为、中芯国际为代表的芯片自主创新典范;播放习近平总书记海南行报道的海南崖州湾种子实验室,根植"南繁硅谷",做强种业"芯片"保护我国种子安全的案例,培养学生的爱国情怀,让学生进一步认识到中国特色社会主义制度的优越性,强化学生政治认同,坚定学生理想信念,培养学生爱党、爱国、爱社会主义的情感。通过对社会热点问题分析,引导学生关注相关行业的发展,并对社会问题进行深入探究和思考。

1. 自主创新是我国建设创新型国家的重要途径

历史教训证明,关键技术是买不来的。当前中国关键领域核心技术"卡脖子"问题仍然突出。根据中国工程院报告,中国在四基领域(关键基础材料、核心基础零部件、先进基础工艺和产业技术基础)对外依存度50%以上。集成电路领域中,高端芯片高度依赖国际市场,近年来每年进口总额超过石油。人工智能领域中,传感器80%依赖进口,传感器芯片90%依赖进口。130多种基础材料领域中32%为空白,52%依赖进口。高端装备领域中高端数控机床和数控系统80%以上依赖进口,这将严重威胁到中国产业链和供应链的安全和发展。

2. 大国重器必须掌握在自己手里

要通过自力更生,倒逼自主创新能力的提升。新时期我国必须发挥体制的优势,集中力量协同攻关,培育创新主体核心技术的自主研发能力。

3. 自主创新并不是要封闭创新

从创新开放的必要性看,正确认识自主创新和封闭式创新的关系。提升我国自主创新能力更需要借鉴国外创新技术,建立开放式国家创新体系,提升我国综合国力和国际竞争力。美国、日本、德国和以色列之所以成为创新强国,开放是最重要的经验启示。自主创新要求自主的主体是中国公民或者内资企业,在创新过程中要坚持以我为主的原则,主导创新活动并拥有创新成果及相应的权利价值。但创新成果的取得主要依靠自身实力还是借助国外力量,需要辩证看待。依靠自身实力不等于不借助外力。任何国家不可能在创新资源配置、经济发展、产业结构等方面都具有绝对优势,必须通过与其他国家建立开放合作关系,优势互补,旨在提高本国创新能力,片面强调封闭式提高自主程度是不可取的。

课堂小结与思考

1. 课堂小结

自主创新是历史的再次选择,中国必须坚定信心走核心技术突破与国产替代的自主发展之路,但是关于合作程度要视情况而定,要从产业链安全、核心技术自给的角度长远设计。今天的大学生是未来创新的生力军,在"大众创业,万众创新"的背景下,引导学生认识创新的重要性和规律,鼓励学生积极参与中国"互联网+"大学生创新创业大赛、全国大学生电子商务"创新、创意及创业"挑战赛等"双创"和学科竞赛。

2. 思考题

观察大学校园中的服务创新、管理创新,谈谈你如何带领创新团队开展活动?

第七章

投资学课程思政案例

【基本情况】

投资学是会计学专业的专业选修课,以投资工具为基础研究对象,研究证券的发行和交易、证券市场信息的解读、证券投资的基本分析和技术分析、证券价格波动的规律和原因、投资工具的选择等问题。通过本课程的教学,学生能够系统、全面地掌握证券投资工具的基本知识,重点掌握股票和债券等基础性投资工具的特征、分类及估值;了解衍生工具在风险管理中的作用;熟悉证券市场的运作,并能够应用投资分析方法指导投资实践;科学预测市场趋势,运用组合理论规避投资风险。本门课程知识可服务于监管部门、金融机构、证券机构、企业及从事投资活动的个人实践。

【教学目标】

★知识目标 帮助学生掌握常用投资工具的类型,了解证券市场的多层次性和证券发行与交易的基本规则,熟练掌握证券投资基本分析方法,并能结合实践加以运用。理解组合投资的避险功能,了解现代投资理论的演进过程,为后续投资实践打下坚实的基础。

★能力目标　培养学生对投资行为与投资现象的分析能力,重点培养收集、整理、解读金融信息的能力,能够深入分析金融工具,培养学生的投资学逻辑,训练学生投资学思维方式,使其能够运用投资学基础知识进行投资实践,同时提升学生认知能力和思辨能力。

★素质目标　紧密结合资本市场的投资行为和市场变动,理论联系实际培养学生强烈的社会责任感和事业心,深刻理解知识就是财富,增强求知欲,做能力大于欲望的人。学会独立思考,理性决策,培养价值投资理念,增强团队合作意识。

★思政目标　热爱社会主义国家,培养良好的道德品质,着力培养学生的家国情怀。培养服务社会的奉献精神,塑造学生正确的价值观。树立为祖国和人民服务的人生观,自觉践行社会主义核心价值观。理论紧密结合实践,塑造唯物主义和辩证法有机统一的科学世界观。

案例一

节制消费——投资概念的理解

一、知识点

投资的概念及对概念的理解。

二、育人目标

通过案例教学,引导学生树立基于社会主义核心价值观的消费观、审美观与独立精神。一是树立理性的消费观:节制消费,拒绝超出支付能力的消费行为;二是建立智慧的审美观:脱离对外在的、物化的外表美的追求,崇尚心灵美、内在美;三是构建独立人格:独立的经济,独立的思想,独立的人格,做自己人生的主角,不因贪婪、惰性和攀比而迷失自己。

三、案例内容

(一)消费者遭遇"医美套路"被骗贷款投诉难

2021年央视财经频道《第一时间》报道《消费者遭遇"医美套路"被骗贷款投诉难》",女大学生背负高息医美贷,从未见到钱,还款已3年。医美单笔消费价格远远超出普通家庭大学生消费能力,如祛痘,贷款金额11 640元。

(二)教师本人初入职场的经历

大学毕业参加工作每月350元工资,学会了做饭,买布做衣服等等很多生活技能,开源节流,利用周末去考试中心批改试卷,初入职场的客观条件让我学会了节制消费,且受益终生。

四、教学设计

(一)课前准备

课前让学生关注身边大学生的"消费习惯",并记录近一周的"消费支出"和"投资支出";在"学习通"中观看2021年9月央视财经频道《第一时间》报道的《消费者遭遇"医美套路"被骗贷款投诉难》视频。

(二)课堂导入

播放2021年9月央视财经频道《第一时间》报道的《消费者遭遇"医美套路"被骗贷款投诉难》视频。结合视频提出一系列问题:医美是消费还是投资?会不会形成依赖的高消费?什么样的美是可持续的?年轻人贷款高消费有什么危害?有依赖性高消费的人能成为好的投资者吗?什么是投资?对大多数普通人而言,投资所需要的货币从哪里来?

(三)知识讲解与思政元素的融入

投资是指货币转化为资本的过程。投资业务是以深入分析为基础,确保本金的安全,并获得适当的回报;不满足这些要求的业务就是投机。收获越大的事情通常需要付出越大的代价,没有不劳而获。当我们开始期待"捷径"时,往往就是失败和受骗的起点。一分耕耘一分收获,劳动时间创造价值。

(1)节制消费。投资重在理解如何让每一分钱都充分发挥价值而不是据为己有满足消费欲望。2021年上市公司中医疗美容行业盈利增长显著,然而这个行业的消费人群中有一大批是还没有持续收入的大学生,任性、盲目和攀比的消费观正在影响一部分大学生的经济安全和生活质量。要有能力识别贷款消费的经济代价,短期消费贷款的利率水平是比较高的,"医美贷"的年化利率可以高达30%以上,部分贷款甚至高达60%。贷款消费一方面加大了个人财务风险,另一方面也提前预支了自己未来的劳动时间,牺牲了将来的选择权。

(2)崇尚真善美。爱美之心人皆有之,内在美才是可持续的高级美。在我眼里,我的同行,深山教育燃灯者张桂梅,面带微笑聊她的学生这些年高考成绩时就特别美,像一盏明灯闪烁着耀眼的光芒,清澈的目光才是逆生长。杨绛先生的作品,厚重的知识底蕴散发出知性美也是迷人的。

（3）人格独立，自立自强。投资是"牺牲或放弃某种现在有价值的东西，但期望从未来的收益中获得补偿"，是牺牲当前消费来计划的未来消费。那么没有初始资金就没有投资起点。绝大部分的人的初始资金都是通过长期节制消费积累而得。尤其是作为大学生，目前还没有稳定的收入来源，对于超出支付能力的消费项目应该坚决拒绝，这是一个人最基本的财商，也是自立自强的基础。想花钱要靠自己合法所得，成年之后非必要的特殊情况花别人的钱是不道德的。

（4）保持警惕，关注安全。不随意将个人信息上传网络，需要自己确认的信息一定要认真思考后才能确认。网络的发展使得做决策更"便捷"，但"便捷"背后所需要承担的责任和义务并没有发生改变，所以决策一定要先考虑"代价""成本""责任"和"风险"再做决策。不要让"收益"和"欲望"蒙蔽了双眼。

课堂小结与思考

1. 课堂小结

投资是把货币转化为资本的过程。投资是"牺牲或放弃某种现在有价值的东西，但期望从未来的收益中获得补偿"，是牺牲当前消费来计划的未来消费。那么没有初始资金就没有投资起点。绝大部分的人的初始资金都是通过长期节制消费积累而得。拒绝超出支付能力的消费行为；崇尚心灵美，内在美才是可持续的高级美。价值不同于价格，投资是研究价值的科学，研究投资学的意义是如何让每一分钱都充分发挥他的价值而不是据为己有满足消费欲望。

2.思考题

课后按投资和消费项目分别记录未来两周自己的货币支出明细,结合自己的账本深度思考如何实现节制消费?

案例二

克服侥幸心理——投资的不确定性

一、知识点

投资的三个要素:时间、不确定性和收益。

二、育人目标

树立社会主义核心价值观和增强法律意识。

(1)树立风险意识,放弃侥幸心理。人生的安全感就在于自己为在意的事情全力以赴,提高成功的概率。如果存在侥幸心理,一定要有意识的克服,要注意加强学习,好读书,读好书,书能养性、修身,提高文化修养,改造自己的世界观。

(2)克制欲望控制投资风险。要从小事做起,从点滴养成,培养自己的自控能力。

(3)增强法制观念,遵纪守法。专心致志,持之以恒地去做成一件感兴趣的事,当学习或工作中有了成绩,生活充实,有利于心理健康。

三、案例内容

(一)大连股民5万炒股变500万:小概率事件

2021年4月23日上午,一名阿姨来到国信证券大连金马路营业部办理业务,因常年在国外已经忘记密码,如今前来销户,惊讶地发现自己在2008年花5万多元购买的一只股票长春高新,如今账户市值已经达到500多万元。

(二)"风险"的由来

在远古时期,以打鱼捕捞为生的渔民,每次出海前都要祈祷,祈求神灵保佑自己能够平安归来,其中主要的祈祷内容就是让神灵保佑自己在出海时能够风平浪静、满载而归;他们在长期的捕捞实践中,深深地体会到"风"给他们带来的无法预测、无法确定的危险,他们认识到,在出海捕捞打鱼的生活中,"风"就意味着"险",因此有了"风险"一词的由来。

四、教学设计

(一)课前准备

课前让学生搜集并整理关于投资风险规避的常用方法,帮助学生熟悉投资风险的类型及规避手段;在"学习通"中阅读中国股市股价波动较高的个股案例资料和观看中国股市记忆的相关视频素材,在"学习通"上完成"风险偏好测试表",了解个人的风险偏好是风险规避、风险中性或风险喜好的哪种类型。

（二）课堂导入

播放中央广播电视总台央广经济之声音频，让同学们了解大连阿姨的炒股经历。结合音频思考下列问题：这位阿姨为什么能获得100倍的投资收益？你认为最重要的原因是什么？如此高的收益率是可复制的吗？如何理解投资收益与不确定性的关系？生活中的很多决策可能未来都是不确定的？该如何决策呢？

组织同学们完成"风险偏好测试表"，随后统计大家的风险偏好，并据此让同学们理解，投资者按风险偏好不同可以分为风险规避、风险中性和风险喜好的不同类型。

（三）知识讲解与思政元素的融入

投资是为了获得可能但并不确定的未来价值而做出牺牲确定现值的行为。定义中包含投资的三要素，即时间性、不确定性和收益性。投资的不确定性也是风险性，并不只是亏损才是风险，而是与期望值的偏差就是风险。

（1）小概率事件。深度分析大连阿姨股票账户13年增长100倍的案例。据统计，2008年6月30日到2021年4月23日，A股有交易数据的1 525只股票。涨幅排第一的就是长春高新，实际涨幅高达170倍；涨100倍的股票只有两只，长春高新和通策医疗（115倍）；涨50倍的股票有7只；涨10倍股总计62只；不亏本的股票1 144只，概率是75%，这就是一件比较确定的事情了。选择优质标的，长期持股不频繁交易和过度投机是我们从案例中可以学习和借鉴的。但是如此高的收益率是小概率事件。

（2）不确定事件。生活中应该如何对待不确定的事件呢？考研、就业、择偶其实都不确定，那为什么还要努力呢？努力、奋斗、拼搏、真诚都是为了提升确定性。从大一就开始每天学习时长超过10小时的同学考上研究生的概率远远大于大三报名之后才开始草率复习的同学。我们可以通过专业知识的学习提高股票投资收益的确定性,但是案例中的超高收益不是通过努力追求的目标,它有非常强的偶然性。收获越大的事情通常需要付出越大的代价,没有不劳而获。当我们开始期待"捷径"时,往往就是失败和受骗的起点。一分耕耘一分收获,劳动时间创造价值。正如《富爸爸财务自由之路》一书中写道"我希望拥有世界级运动员的体魄,有人会建议:'穿上跑鞋每天跑5公里,到健身房每天练3小时,没完没了的吃披萨。'我可能更关心是否有别的途径能达到这样的体魄?因为我不想那么累。这就是问题的关键,也是很多人在虚假广告上受骗的原因。"

(3)侥幸心理。侥幸心理是指人们希望由于偶然的原因而获得成功或免去灾害的一种心理寄托。心理学和行为学认为,侥率心理是不正常的心理反应,是一种不负责的、放纵的、投机的心理状态。心存侥幸心理的人大多抱有"试试看""不会被发现""见好就收""有人保护"的想法,一旦违规违纪尝到了一点甜头,这种心理就会得到强化,开始扭曲,贪欲之心也逐渐膨胀。比如生活中有些同学迟到,甚至旷课,就认为估计今天没人查;向朋友说了一次谎,认为对方说不定不会察觉到。当然也有造成严重后果的,就像闯红灯,看似"小恶",却有可能付出生命的代价。侥幸心理是一种非常不健康的心理,它常常会使人做出不正确的判断,错误地估计形势,从而迷失方向,误入歧途。

(4)投资和投机的区别。投资者在进行决策时更看重收益的确定性,当资产价格的上涨概率较高时,投资者才愿意购入该资产。对于投机活动来说,投机者更看重资产价格未来的上涨幅度。有时候,即使这种上涨出现的概率很低,但只要它的上涨幅度非常高,投机者也愿意购买一定量的上述资产,从而"博取"高收益、低概率事件的发生。

课堂小结与思考

1. 课堂小结

投资的不确定性是客观存在的,以深入分析为基础的投资行为有利于提升投资收益的确定性。过高的收益期待是不合理的,很多听说的高收益具有极强的偶然性,是小概率事件。生活中为理想而努力奋斗、拼搏都是为了提升心想事成的确定性。侥幸心理是一种非常不健康的心理,它常常会使人作出不正确的判断,错误地估计形势,从而迷失方向,误入歧途。

2. 思考题

选择5家上市公司为研究对象,比较这5只股票过去一年的价格波动范围,同时比较近一个月每只股票的每日振幅,体会股票投资收益的不确定性。思考市场上收益与风险的关系,并观察哪些风险会影响整个市场的收益率?

案例三

知识就是财富——多样化的投资工具

一、知识点

投资工具的定义、分类及其选择。

二、育人目标

重点培养学生的职业素养,通过大量创新金融工具的学习培养学生的求知欲,同时在了解金融工具风险的过程中,体会严谨的学习态度和强烈的法律意识。随着经济的发展,在投资领域,投资工具在不断创新,对新生事物要有求知欲,知其所以然的深度研究和实事求是的严谨态度是成为优秀投资者必备的素养。学无止境,知识就是财富。

三、案例内容

(一)大连单先生2 000元存28年

80岁大连单老先生1990年11月17日在工商银行存入2 000元,整存整取1年期,随后存单忘记了,2018年取出时的税后本息合计2 514.48元。

(二)股市有个"杨百万"

杨怀定,1950年出生,人称"杨百万""中国第一股民",祖籍江苏镇江,原上海铁合金厂职工,在1988年从事被市场忽略的国库券交易赚取其人生第一桶金而成名,随后成为上海滩第一批证券投资大户,股票市场上炙手可热的风云人物。

(三)"买权证却不知行权 新股民30万一夜成废纸"

2007年4月16日下午2时许炒股仅一个月的李女士误将首创权证当作普通股票在家里上网委托认购,她在银河证券黄寺证券部认购了5.7万份,价格是5.33元/份的首创权证(580004),合计投资30万元。首创权证的最后交易日是 2007 年 4 月 16 日,行权期是 4 月 17～23 日,共 5 个交易日。而在 23 日后仍未行权的权证,将予以注销。李女士在行权交易日过期之后还懵懂不知,一直把行权期当作停盘,等到的结果是权证作废。30 万元的首创权证全部化为乌有。(《扬子晚报》2007 年 4 月 26 日)

四、教学设计

(一)课前准备

课前让学生预习并整理目前我国证券市场常见投资工具及其平均收益率;在"学习通"观看中国股市记忆中有关我国投资工具的初上市的相关视频和观看"生活中常见投资工具"的相关视频素材。

(二)课堂导入

以讲解为主,由易到难。第一个案例是 28 年的 1 000 元存款。结合案例本身谈一下储蓄与投资的不同。接着回到 1990 年如果有金融知识,了解当时的投资工具,设想"如果投资深发展的股票""如果投资国库券""如果投资特种国债"那么收益会有何不同。

(三)知识讲解与思政元素的融入

债券是社会各类经济主体为筹措资金而向债券投资者出具的,承诺按一定利率定期支付利息和到期偿还本金的债权债务凭证。证券投资基金是基于分散风险目的而采用的一种利益共享、专家操作、组合投资的集合投资方式。

股票是股份有限公司公开发行的用以证明投资者的股东身份和权益,并据以获得股息收入和红利的所有权凭证。播放《中国股市记忆中的"杨百万"

的案例》视频,了解早期投资者因为比较早的熟悉投资工具而改变个人财富状况的例子。

股指期货全称是股票价格指数期货,也可称为股价指数期货、期指,是指以股价指数为标的物的标准化期货合约,双方约定在未来的某个特定日期,可以按照事先确定的股价指数的大小,进行标的指数的买卖,到期后通过现金结算差价来进行交割。

期权是一种选择权合约,合约的购买者享有在规定的时期内或时点上,以约定的价格购买或出售合约商品的权利。金融衍生工具是对冲系统性风险的重要工具,但同时衍生工具的投资风险也巨大。对于大部分学生而言,衍生工具是比较陌生的金融产品,尤其是期权。随后导入"买权证却不知行权 新股民30万一夜成废纸"的案例,并详细讲解了在投资市场上不同编号所代表的投资工具不同。大规模购买一无所知的投资品,不是"投资"而是一种"消费行为",是赌徒心理,盈利概率很小,却极有可能遭受重大损失。

资本市场发展和投资工具的选择在客观上培育了数以千万计的具有风险意识的投资者,从而极大地提高了中国投资者群体的政策意识、大局意识、金融意识。资本市场对投资者风险意识的形成、国民素质的提高、公民意识的培育,比任何流于形式的口头教育都有更好的效果。

课堂小结与思考

1. 课堂小结

古语云,"书中自有黄金屋"。资本市场给全社会提供多样化的、收益风险在不同层次匹配的、可以自主选择并具有相当流动性的证券化金融资产。在消费品市场上,消费者对消费品拥有自主选择权,这是市场经济发达的重要标志。与消费者的自主选择权相对应的是,投资者也必须拥有自主选择投资品或资产的权利,这既是一国市场经济发达程度的重要标志,也是金融市场是否发达的重要标志。然而,会不会选,就需要每位投资者认真学习系统的专业知识,关注财经资讯和培养独立理性的思考能力。

2. 思考题

结合近 1 年的市场信息,通过表格形式列出目前我国主要投资工具的价格波动范围及平均年化收益率。

案例四

有了强的国,才有富的家——基本分析之宏观分析

一、知识点

基本分析是投资分析的重要方法,包括宏观经济分析、行业分析和上市公司财务分析等内容。

二、育人目标

通过基本分析的数据感知国家改革开放四十多年取得的伟大成就,培养学生的爱国主义精神,建立"四个自信";与时俱进,通过展示中国经济的历史发展,引导青年学生深刻认识时代的发展要求和根本趋势,强化家国情怀,坚定前进决心,站在时代的制高点上,将中国特色社会主义事业全面推向前进;引导学生关注现实问题,冷静对待全球经济中的问题,把爱国情、强国志、报国行自觉融入专业学习与实践之中。

三、案例内容

(一)宏观经济发展成就

选择最权威的宏观经济运行数据与历史数据,尤其是典型年份的数据,如 1978 年、2008 年、2022 年等进行比较分析。此外,还选择最新、最热、最有影响力的财经资讯进行分析,引导学生密切关注国家当前的经济目标,同时也培养学生运用专业知识解读财经信息的能力。结合最新数据分析取得的成就和存在的问题,并从理论上分析经济指标与投资品未来趋势的内在机理。针对宏观经济运行机制,国家采取了哪些经济政策,分析解读货币政策、财政政策和收入政策等对经济运行的影响机理。分析我国经济运行的同时关注国际环境,对主要经济数据进行国际比较。

(二)关注民生——医药集采

2017 年 10 月 8 日,中共中央办公厅、国务院办公厅印发了《关于深化审评审批制度改革鼓励药品医疗器械创新的意见》(以下简称《意见》)。《意见》从改革临床试验管理、加快上市审评审批、促进药品创新和仿制药发展等六个方面鼓励药品、医疗器械创新。2021 年的医保目录药品谈判现场,再现"灵魂砍价"。国家医保局谈判代表反复跟企业谈判代表砍价,可谓倾尽全力。其中,对一款罕见病药价的谈判,经过 90 分钟、7 轮报价,初始报价 53 680 元,最终以 33 000 元成交。负责谈判的张劲妮被称为"最美医保谈判代表",温文尔雅的张劲妮代表,在谈判过程中说出来的三句话,声音不大,但让人印象深刻,难以忘怀。第一句,是流传最广、最触动人心的一句话:"每一个小群体都不该被放弃。"第二句,是谈判进行到第五轮时张劲妮说的一句话:"谈判桌上我们作为甲方,这么卑微,真的很难"。这样的"卑微"让人深深感动、肃然起敬。第三句是被各大媒体引用最多的一句话:"我觉得我刚才眼泪都快掉下来了。"眼看着医药企业的报价与医保局底线价位还有差距,眼看着前五轮的努力就要付诸东流,张劲妮以一个医生的身份,说出了这句话。最后经过他们不懈的努力,2022年新版国家医保药品目录中:74种新药进医保,其中谈判成功的67种独家药品平均降价61.71%,降价幅度再创历史新高。

(三)科技强国——风险投资资金的严重不足使得我国早些年在前沿科技探索上困难重重

中国科学院院士叶培建在一次访谈中提及至今对他打击最大的挫折是2000年中国资源二号01星,当时卫星发射升空后,绕地球运行顺利,数据传输通畅,正是进入第二圈突然失去信号……当然,后来经过叶培建院士及其团队的及时处理,到了长春站发了一发指令上去,卫星就正常了,有惊无险。前沿科技的探索不仅需要科学家大量的高强度的脑力劳动,而且是非常烧钱的,不确定性极强,早期这类研究的资金基本上都是国家千方百计挤出来的,科学家们因此压力极大。随着中国资本市场的不断完善,很多科技领域的高风险投资可以通过资本市场融资,资本市场的发展对推动我国科技强国建设有着及其重要的作用。

四、教学设计

(一)课前准备

课前让学生搜集并整理关于我国宏观经济增长取得的成绩,帮助学生感受我国经济高速发展取得的巨大成就;在"学习通"中阅读《新中国成立70周年经济社会发展成就系列报告》案例资料和观看《激荡四十年》的视频素材。

(二)课堂导入

回顾2008年之前中国宏观经济的高增长,1952年我国城乡居民储蓄存款余额是8.6亿元人民币,1994年达到21 519亿元,2008年是217 885亿。1978年的国内生产总值是3 645亿,2008年是300 670亿,然后深度分析近20年中国经济由量向质的转变,2020年我国完成了新时代脱贫攻坚目标任务,现行标准下农村贫困人口全部脱贫,贫困县全部摘帽,近1亿贫困人口实现脱贫,提前10年实现《联合国2030年可持续发展议程》减贫目标。100多个贫困县结束了不通铁路的历史,农网供电可靠率达99%,贫困村通光纤比例达98%,村村都有卫生室和村医,10.8万所义务教育薄弱学校的办学条件明显改善。

引导同学们思考中国经济高质量发展的内涵是什么?应该运用哪些指标进行衡量。

(二)知识讲解与思政元素的融入

证券市场受多重因素的影响和制约,这些因素也常常处于变动之中,因此影响证券市场价格的因素很多。宏观因素包括对证券市场价格可能产生影响的宏观经济、政治、法律、军事、文化、自然等方面。

(1)最新宏观经济数据解读。选择10个主要宏观经济指标,结合最新数据分析取得的成就和存在的问题,并从理论上分析经济指标与投资品未来趋势的内在机理。针对宏观经济运行,国家采取了哪些经济政策,分析解读货币政策、财政政策和收入政策等对经济运行的影响机理。分析我国经济运行的同时关注国际环境,对主要经济数据进行国际比较。

(2)居安思危。投资学投的是预期,对当下宏观经济的潜在风险要保持高度敏感性。以中国人口红利、中国人口预测等实例分析中国新增人口数量陡降是对未来经济影响较大的因素之一。分析经济现象的同时倡导年轻人要有社会责任感。生命的传承是责任。我国各领域取得的成就是无数科技工作者无私奉献的结果。未来的发展更离不开科技进步，尤其是自主知识产权的科技创新。青年人居安思危，勇于奉献，争做建设者。然后播放一组科技发展的视频和访谈视频。

（3）与时俱进，关注时事经济信息并深度思考。选择时效性极强的案例，与经济生活息息相关，通常选择当天或者本周的财经新闻。如"疯狂的头盔"的极短资讯，"碳中和""碳达峰"的长期政策目标。播放医药集采的相关谈判视频，提出每个人都是社会的一员，有自己存在的价值和意义，拥有过硬的专业知识和深沉的责任感是获得尊重的必要条件。

风声、雨声、读书声、声声入耳，家事、国事、天下事、事事关心。关注当下中国宏观经济的运行状况，熟悉现行的经济政策，了解中国所处的国际环境，并能从专业的角度进行综合分析。真切感知中国经济社会发展取得的巨大成就，从温饱不足迈向全面小康，从积贫积弱迈向繁荣富强。

国家的产业政策通常具有先见性，防患于未然，当然也会改变当下的利益分配，但是企业也好，个人也好，要有大局意识和社会责任心，从长远和全局出发。我国资本市场相对于发达国家而言发展时间还是比较短的，发达国家在金融体系完善和实践方面有很多值得学习和借鉴的地方。但是，同时金融安全是关乎国家安全的大问题，紧密结合国情构建适合的金融体系是根本。用普遍联系的观点和发展的观点看问题，经济现象的复杂性就体现在联系的多元性和复杂性方面，不能片面，不能孤立，不能只看到眼前。

1. 课堂小结

本案例通过具体的数据,生动的画面,讲授了中国宏观经济取得的成绩和产业发展的趋势,反映了投资的前瞻性,强调了金融服务于实体经济的必要性,传递了青年人应做建设者,积极参与国家经济建设的思政要点。有了强的国,才有富的家。对我国宏观经济最新形势的资讯需要长期关注,既是预测证券价格波动的需要,也是身为祖国一份子的责任。

2. 思考题

在建设富强民主文明和谐美丽的社会主义现代化强国的道路上,我国正在和将要实施哪些举措?结合十四五发展规划,预测未来3年我国发展前景最好的行业有哪些?

第八章

经济法课程思政案例

【基本情况】

经济法课程是法学、会计学等专业学生的必修课程,也是实现"德、智、体、美、劳全面发展,适应中国特色社会主义市场经济发展需要,具备现代法治理念、扎实法律专业基础和一定的财经知识背景人才"培养目标的关键课程之一。经济法课程包括经济法基本理论、宏观调控法、市场规制法三编内容,其中:经济法基本理论包括本体论、发生论、价值论、规范论和运行论五大理论体系;宏观调控法主要包括财税法、金融法和计划法等;市场规制法主要包括反垄断法、反不正当竞争法、消费者权益保护法和产品质量法等。

【教学目标】

★知识目标 通过课堂讲授、政策分析、案例分析、分组讨论和文献分析等方法促进学生对经济法基本理论与基本制度的理解与掌握,并充分理解国家和各类政策背后的机理。

★能力目标 通过大量的政策分析与案情研判,培养学生运用经济法思维、方式和方法较为熟练地分析国家宏观调控政策,正确处理竞争中的垄断行为,不正当竞争行为问题,保障消费者合法权益,并通过案例综合研判提高学生实践素养、整体意识与创新意识,进一步加深学生对理论知识的理解与掌握。

★素质目标 致力于将学生培养为对国家宏观调控政策的自觉认同者,贯彻者;维护中国特色社会主义市场经济秩序的法律捍卫者;消费者合法权益的坚实保障者;"四个自信"的坚信者与宣传者;习近平新时代中国特色社会主义思想的忠实信仰者与践行者。

★思政目标 旨在帮助学生深刻认识到以人民为中心的发展理念是中国共产党人的初心与使命,充分理解中国特色社会主义核心价值观的深刻意蕴,特别是"公正""自由""法治""诚信"在宏观调控和市场规制原则与规则中的具体体现,筑牢中国特色社会主义法治观,社会主义核心价值观,成为中国特色社会主义市场经济高质量发展的参与者和建设者。

案例一

以人为本之维护公平竞争秩序

一、知识点

滥用市场支配地位的表现形式。

二、育人目标

以人为本是中国特色社会主义市场经济发展的出发点与落脚点,维护统

一、开放、公平、有序的竞争秩序是我国市场经济持续稳定发展的必然要求，也是保护各类经营主体和消费者基本权利的制度供给要求。各类市场经济主体，特别是行业龙头企业应主动承担好社会责任，自觉恪守诚实守信、遵法守纪的基本准则，自觉维护健康、有序、公平的市场竞争生态环境。

三、案例内容

（一）阿里巴巴"二选一"案

2020年12月，国家市场监督管理总局依据《反垄断法》对阿里巴巴集团涉嫌滥用市场支配地位行为进行立案调查。经过对阿里集团在网络零售平台服务市场的市场份额、财力与技术能力、对市场的控制力、相关市场的准入难度以及其他经营者对其的依赖程度等多维因素考量，国家市场监督管理总局最终认定阿里巴巴集团在中国境内网络零售平台服务市场具有支配地位。并认定自2015年以来，阿里巴巴集团对平台内商家提出"二选一"要求，并自此至立案调查前采取借助市场力量、平台规则和数据、算法等技术手段多措施强制执行"二选一"要求，确保自身获取不正当竞争优势的行为排斥了网络零售平台服务市场的公平竞争秩序，限制了其他平台经营者、平台内商家及消费者的合法权益，阻碍了市场配置资源的效果及平台经济的创新发展，已构成《反垄断法》第十七条第一款第（四）项禁止"没有正当理由，限定交易相对人只能与其进行交易"的滥用市场支配地位行为。依此，国家市场监督管理总局于2021年4月10日依法对阿里巴巴集团处以上一年度销售额4%的处罚，共计182.28亿元。

（二）"柠檬查"平台涉嫌滥用市场支配地位案

汽车市场信息不对称情况经常发生，因此，业内人士将汽车市场称为"柠檬市场",也将存在隐性缺陷的汽车称为"柠檬车"。汽车保险信息成为判断汽车缺陷程度的一个核心指标。我国已建成提供行业性公共数据的全国车险信息平台,并初步建成车险信息共享与交互机制。二手车信息服务平台 CADA 柠檬查的实际运营者与车行因其与全国车险信息平台具有合作关系,便将其获得的公共车险数据进行市场化运作,获取经济利润。自 2020 年 11 月 18 日至 2021 年 11 月,由中国汽车流通协会主导建设的平台"柠檬查"已拥有包括汽车经营商、4S 店、二手车市场及二手车经销商在内的 7 000 多家客户,但查询价格却实行会员 28 元/次,非会员 32/次的双重标准。从事二手车交易的彧菡公司认为"柠檬查"利用其对公共数据的占有优势而形成垄断地位,对包括彧菡公司在内的非中国汽车流通协会会员收取不公平高价,实行价格歧视待遇,违背了公共数据公平公开原则,损害了数据需求方及消费者公平获取公共数据的合法权益,属于我国《反垄断法》禁止的滥用市场支配地位的行为,并向北京知识产权法院对"柠檬查"的运营商北京与车行信息技术有限公司提起车险公共数据的反垄断诉讼,北京知识产权法院于 2022 年 8 月 5 日正式受理国内首例涉及公共数据领域内的反垄断案。

四、教学设计

(一)课前准备

本次课程主要目的是让学生在理解与掌握相关市场与市场支配地位认定标准的基础上,识别反垄断法规制的占据市场支配地位的经营者不当行为的类型及其原因。所以,在案例的选择上侧重学生熟悉的企业及可能感兴趣的领域,并将课堂案例提前向学生发布,鼓励学生课前观看、了解,为课堂教学的顺利进行做好先期准备。

（二）课堂导入

让学生阅读《阿里巴巴集团致客户和公众的一封信》，并介绍"柠檬查"的由来。利用学生对案件的学习兴趣，在复习相关市场与市场支配地位相关知识点的同时，引导学生思考课堂案例中占有市场支配地位经营者的行为是否构成滥用市场支配地位，在学生思考讨论后，引入本节课讲授知识点。

（三）知识讲解与思政元素的融入

1. 介绍滥用市场支配地位的表现形式

依据我国新《反垄断法》（2022）第二十二条，禁止具有市场支配地位的经营者从事下列滥用市场支配地位的行为：

（一）以不公平的高价销售商品或者以不公平的低价购买商品；

（二）没有正当理由，以低于成本的价格销售商品；

（三）没有正当理由，拒绝与交易相对人进行交易；

（四）没有正当理由，限定交易相对人只能与其进行交易或者只能与其指定的经营者进行交易；

（五）没有正当理由搭售商品，或者在交易时附加其他不合理的交易条件；

（六）没有正当理由，对条件相同的交易相对人在交易价格等交易条件上实行差别待遇；

（七）国务院反垄断执法机构认定的其他滥用市场支配地位的行为。

具有市场支配地位的经营者不得利用数据和算法、技术以及平台规则等从事前款规定的滥用市场支配地位的行为。

2. 组织课堂讨论

结合阿里巴巴和"柠檬查"两个案例，让学生讨论、分析阿里巴巴"二选一"行为与"柠檬查"价格歧视行为是否构成《反不正当竞争法》中的滥用市场支配地位行为。并通过讨论、分析的过程,使同学们深刻认识到阿里巴巴"二选一"行为严重限制中国境内网络零售平台服务市场的竞争,并且阻碍了商品服务和资源要素自由流通,侵害了平台网商和消费者的合法权益,影响了平台经济创新、持续、高质量发展,对阿里巴巴的处罚是我国市场监督管理部门强化反垄断和防止资本无序扩张的具体举措,也是依法规制平台企业违法违规行为,健全平台经济治理体系,推动平台经济规范健康持续发展的有效措施。同时,"柠檬查"案件也反映出应从公共管理机构的权力来源是否合法、行为的性质对市场竞争有无负面影响等多方面进行综合考量公共管理机构使用公共信息和公共数据的合法性问题。

课堂小结与思考

1. 课堂小结

公平竞争是市场经济的核心。滥用市场支配地位的垄断行为对公平竞争秩序乃至我国市场经济的平稳发展均具有极强的冲击力与破环力,必须对此行为进行规制。党的十八大以来,我国通过改革市场监管体制,完善公平竞争制度等措施,加大了对平台经济等重点行业、民生发展等重点领域中的滥用市场支配地位垄断行为的执法频次和力度,促进了各类市场经营主体更加规范、更重创新、更具活力地实现更高水平、更可持续的良性发展;保障了相关经营主体与消费者的合法权益,并积极推动了我国加快形成统一开放、竞争有序的市场体系,实现更高质量经济发展的进程。同学们需深刻理解我国对滥用市场支配地位等垄断行为进行严苛规制的合理性与合法性,增强对滥用市场支配地位等垄断行为的识别能力,提升合法竞争的遵法意识。

2.思考题

（1）查找近两年滥用市场支配地位的典型判例，并加以分析，巩固课堂效果。

（2）通读习近平总书记2020年8月30日讲话全文，进一步思考加强反垄断立法的意义。

案例二

以人为本之缩小贫富差距

一、知识点

纳税人偷逃个人所得税的法律责任之行政处罚。

二、育人目标

结合2020年来某些知名网络主播偷逃税案频出的现象强调说明社会主义核心价值观无失效期，也说明必须严防死守法律底线，在任何情况下不能存侥幸心理，挑战法律权威。同时，通过对演员邓某偷逃税案的人文执法真正做到了宽严相济、法理相融，在执法领域充分体现了以人为本理念，使学生深刻感悟我国治理体系与治理能力现代化所取得的丰硕成果，从而增强制度自信。

三、案例内容

（一）邓某偷逃税案

中宏网2022年3月15日报道，上海市税务局第四稽查局获取线索后，经大数据进一步分析，发现邓某在2019—2020年期间，通过虚构业务转换收入性质进行虚假申报，偷逃个人所得税4 765.82万元，其他少缴个人所得税1 399.32万元。

在税务检查过程中，邓某积极配合检查并主动补缴税款4 455.03万元，同时主动报告税务机关尚未掌握的涉税违法行为。

综合考虑上述情况，上海市税务局第四稽查局依据《中华人民共和国个人所得税法》《中华人民共和国税收征收管理法》《中华人民共和国行政处罚法》等相关法律法规规定，按照《上海市税务行政处罚裁量基准》，对邓某追缴税款、加收滞纳金并处罚款，共计1.06亿元。

其中，对其虚构业务转换收入性质虚假申报偷税但主动自查补缴的4 455.03万元，处0.5倍罚款计2 227.52万元；对其虚构业务转换收入性质虚假申报偷税但未主动自查补缴的310.79万元，处4倍罚款计1 243.16万元。

1. 邓某案违法事实

第一，虚构业务将个人劳务报酬转换为企业收入进行虚假申报，偷逃税款。

第二，对其虚构业务转换收入性质虚假申报偷税经提醒督促仍未主动自查补缴。

2. 邓某案处罚依据

依据《中华人民共和国税收征收管理法》《中华人民共和国行政处罚法》

等有关规定,按照《上海市税务行政处罚裁量基准》,对邓某虚构业务转换收入性质虚假申报偷税但主动自查补缴税款部分处 0.5 倍罚款,总计 2 227.52 万元。

此外,对其未能纠错虚构业务转换收入性质虚假申报偷税且未主动自查补缴部分,性质恶劣,依法处 4 倍罚款,共计 1 243.16 万元。

(二)网络主播黄某偷逃税案

头部网络主播黄某于 2019—2020 年期间,通过在上海设立多家个人独资企业,虚构合伙企业业务数量与营业额等方式,将其从直播平台取得的巨额佣金收入、位费等多项劳务报酬转换为企业经营所得,从而达到偷逃税款的目的,同时,其从事其他生产经营活动取得的收入,也未依法申报纳税。经杭州市税务局稽查局多次提醒督促,整改仍不彻底,杭州市税务局稽查局依《中华人民共和国税收征收管理法》第六十三条第一款,《中华人民共和国行政处罚法》第三十二条,《浙江省税务行政处罚裁量基准》规定对其进行立案并开展全面深入的税务检查,并根据其违法行为的事实、情节、性质和社会危害程度等多种因素坚持依法依规、宽严相济、过罚相当的原则追缴并处罚款 13.41 亿元。

四、教学设计

(一)课前准备

经过前两次授课,学生已经对个人所得税法的基本内容有了一定程度的掌握,此次授课的目的是通过案例分析巩固所学知识,掌握纳税人偷逃个人所得税行政处罚的主要内容,领悟我国依法处罚与依理处罚相结合的处罚方式的人本性与科学性。提前向学生发布案例链接,让学生提前梳理案件,列明违法事实。

(二)课堂导入

针对课前作业以"提问+讨论"的方式确定涉案行为的性质及其认定事实,然后引入纳税人偷逃个人所得税的法律责任之行政处罚知识点。

(三)知识讲解与思政元素的融入

1.《税务征管法》第六十三条的理解

依据《中华人民共和国税收征收管理法》第六十三条第一款的规定,纳税人偷税的,由税务机关追缴其不缴或者少缴的税款、滞纳金,并处不缴或者少缴的税款百分之五十以上五倍以下的罚款。

2.邓某案与黄某案处罚措施的谦抑性

取证过程合规、合理。获取线索—大数据跟进—友情提示提醒—督促整改—约谈警示—依法依规立案稽查—严肃处理并公开曝光。

处罚结果依法、科学。充分考虑了不同税收违法行为的性质、情节和社会危害程度。采取了分类处理方式:①对主动自动自查补缴的偷税税额处于最低限度的处罚(邓某案0.5倍,黄某案0.6倍);②未主动自查补缴的偷税税额给予严惩(邓某案4倍,黄某案中隐匿收入不申报处4倍罚款;虚构业务转换收入性质虚假申报偷税部分,较隐匿收入不申报行为,违法情节和危害程度相对较轻,处1倍罚款。)

3.偷逃税款的行政责任与刑事责任的衔接

《中华人民共和国刑法》第二百零一条规定,纳税人有逃避缴纳税款行为的,经税务机关依法下达追缴通知后,补缴应纳税款,缴纳滞纳金,已受到行政处罚的,不予追究刑事责任;但是,五年内因逃避缴纳税款受过刑事处罚或者被税务机关给予二次以上行政处罚的除外。

课堂小结与思考

1. 课堂小结

首先,回顾本节知识点,要求同学们掌握纳税人偷逃个人所得税的行政处罚的适用范围与处罚标准。其次,再次强调"税收与你的得益如影随形。"税收的本质是取之于民且用之于民。我们每一位公民应如马克·吐温认为的"我就我收入纳税,这是我生命中最重要的事,让我感到无上光荣。"那样,积极、主动、愉悦地履行纳税义务,而不要存有任何侥幸心理或试图检测罚款和监狱围墙的厚度。再次,加强对明星、网红的税收监管,在优化公平竞争的税收环境的同时,也可以有效调节所得税各纳税义务人的收入差距,在追求实质公正与共同富裕的政策价值下有利于在二次分配环节缩小收入分配差距,促进社会公平。最后,从两个案例处罚的合理性说明我国行政执法治理水平的现代化进程不断加大,以人为本、合理、谦抑理念正走进执法现实。我们要努力学好知识的同时,更要树牢"四个意识",坚定"四个自信",坚决做到"两个维护",以自己的行为践行"请党放心,强国有我"的信念。

2. 思考题

请同学们课下结合案例进一步思考法的谦抑性与提升我国治理能力现代化的关系。

案例三

以人为本之舌尖上的安全

一、知识点

食品业"知假买假"行为定性及其适用惩罚性赔偿金的要件。

二、育人目标

通过本节课学习,使学生充分理解和认识到"民以食为天"。食品安全既是人的基本生存保障,也是十分重大的民生问题,党和国家所做的一切都是为了人民。国家制订的《食品安全法》《产品质量保护法》《农产品质量安全法》等一系列法律制度是为了保障人民群众的食品安全。抓牢食品安全,更是筑牢保障公众身体健康和生命安全的底线。

三、案例内容

(一)邵某某诉毛某某土特产经营部产品质量责任纠纷案

2021年7月5日,原告邵某某经微店在被告毛某某土特产经营部购买了一份烧白、一份粉蒸肉、一份干咸菜回锅肉、一份风豆食回锅肉。7月12日,被告法定代表人王某某在确认原告收到货物后,主动提醒并告知原告邵某悉知保存与食用方法。原告于收货当天即在被告微店下单购买了50份烧白、50份粉蒸肉、50份回锅肉,并就包装方式和运输方式与被告达成了一致意见。

被告毛某某保证所有的土特产不添加任何防腐剂和添加剂、是全程纯手工产品。为了证实自己所言非虚，稳定邵某某这一大客户，被告毛某某在制作这些食品时，同步拍摄了视频并转给邵某某。却没料到，8月10日，原告邵某某将毛某某土特产经营部告上了法庭。陈述了"毛某某土特产经营部"微店上购买了150份产品，用于赠送亲友食用，烧白和粉蒸肉用一个土制小碗盛放，外面有一个真空透明袋密封包装，回锅肉是用一个金色铝箔餐盒密封并粘贴封口包装。朋友收到该食品后反馈商品有点像"三无"食品。经过仔细查验发现该食品包装没有标注生产日期、保质期、生产厂家、厂家联系方式、配料表、SC号等基本内容，显然属于"三无"食品。并提供了总价4 500元，扣除微店现金红包，实际支付4 499.16元的购买凭证记录及与商家聊天全过程及收到商品照片等证据，指出商家作为销售者显然未尽合理的审查义务，导致"三无"食品在市场上流通显然属于明知的事实。根据《重庆市食品生产加工小作坊和食品摊贩管理条例》第十九条和《食品安全法》第六十八条之规定，原告邵某某请求法院判令被告"毛某某土特产经营部"退还货款4 499.16元并赔偿价款10倍赔偿金4 4991.6元。并获得了一审与二审法院的支持。但被告毛某某对已生效的判决不服。

2022年4月，某市第一中级人民法院主动到被告经营地听取意见，并对当事人享有的诉讼权利进行释明，告知其如对二审判决不服，可根据诉讼法的有关规定，在二审判决生效之日起6个月内提起再审申请。前往的工作人员还介绍了民事案件申请再审的流程，并提供了《民事申请再审案件立案实务指南》手册、《民事再审申请书》常用诉讼文书格式等材料。

(二)梁某与某商贸部买卖合同纠纷案

2018年4~5月，梁某分3次在某商贸部处购买婴儿奶粉、鱼油等食品，价格共计2 756元，以上食品系经海外代购获得，某商贸部不能提供经法定检验检疫机构检验合格的证明文件。后梁某向某商贸部经营者吴某主张退货、退还货款并支付十倍价款赔偿,吴某抗辩称涉案食品系境外商品,符合食品安全标准,梁某系职业打假者,不属于法律规定的可主张惩罚性赔偿的消费者。经查,梁某曾多次购买存在质量问题的商品并提起诉讼,向销售者主张十倍价款赔偿。

四、教学设计

(一)课前准备

让学生搜集食品领域侵犯消费者权益的事件或案件,并让学生思考如果自己在生活中遇到缺陷产品会如何处理?

(二)课堂导入

播放案件相关视频及社会对此案的看法,让学生结合课前的思考提出自己的主张,进而引出课堂知识点。

(三)知识讲解与思政元素的融入

1. "知假买假"的职业打假行为定性

消费者是指为生活消费需要购买和使用商品或服务的自然人。虽按惯常理解,消费者只能是为生活消费的自然人,不能以营利为目的,但由于"知假买假"行为在一定程度上保障了消费者对商品与服务质量的共性需求,所以,在学理上,司法与制度层面,对"知假买假"的职业打假行为能否认定为生活消费,打假人士是否属于消费者,存在着争议。

在学理层面。持肯定说的学者从经济法的社会本位理念出发,认为经营者理应承担社会责任,保障产品质量是经营者应恪守的基本商业道德,《消费者权益保护法》《产品质量保护法》《食品安全法》等法律的出台,在形式上构成了系统保障微观消费者合法权益的法律体系,但在实质理念上更侧重于保障诚实、信用、平等的市场交易秩序,若将"知假买假"者排除在消费者范围之外,无疑既不利于保护社会公共利益,也不利于保护广大消费者的根本利益。持反对者却认为对消费者范围的扩大易导致私力救济凌驾甚至代替公法本应承担的处罚与威慑功能,且依赖私力救济来解决此类违法行为认定,执行难度较大,并增大生产、销售的不确定性风险,社会效果不佳。还是应当通过市场监管或市场规制来规范,而不是采取以民事诉讼为主的救济方式,毕竟,经济法只是对民法的二次正向调整。

学理上的分歧反映在司法层面主要体现同案不同判现象。有的法官认为生活消费只能用于生活用途,不能以营利为目的,所以对用作经营、营利为目的的购买、使用商品或服务的自然人不认定为消费者;而有的法官则认为只要购买的是生活资料,无论用以何种用途,以什么为目的,都应界定为消费者。职业打假行为成为认定差异的最主要类型。

在制度完善层面。2014年3月15日实行的《最高人民法院关于审理食品药品纠纷案件适用法律若干问题的规定》第三条明确规定"因食品、药品质量问题发生纠纷,购买者向生产者、销售者主张权利,生产者、销售者以购买者明知食品、药品存在质量问题而仍然购买为由进行抗辩的,人民法院不予支持"。并将此规定延伸到化妆品、保健品领域。2021年11月15日最高人民法院审判委员会第1850次会议通过并于2021年12月1日实施的《最高人民法院关于修改〈最高人民法院关于审理食品药品纠纷案件适用法律若干问题的规定〉的决定》修正中保留延续了这一规定,正式统一了食药品领域中知假买假的行为的性质认定,并间接肯定了食品、药品领域中"知假买假"者的消费者身份地位。

2."知假买假"的职业打假行为适用惩罚性赔偿金的要件

依《消费者权益保护法》第五十五条第一款经营者欺诈行为和《食品安全法》第一百四十八条第二款及《最高人民法院关于修改<最高人民法院关于审理食品药品纠纷案件适用法律若干问题的规定>的决定》第三条,职业打假人可能在食品、药品等领域寻求主张惩罚性赔偿金,但仍须满足惩罚性赔偿金的前提要件。即经营者在提供商品或服务时有欺诈行为或是生产不符合食品安全标准的食品,或者经营明知是不符合食品安全标准的食品。其中关于欺诈的定义,若按照民法对欺诈的解释,需经营者具有欺诈的故意,且消费者因受此欺诈而作出错误的意思表示。而明知的认定则较欺诈更为宽松,只须经营者单方意思即可认定,不以消费者陷入错误而为意思表示为必要。

课堂小结与思考

1.课堂小结

俗话说:"身体是革命的本钱。"虽然目前学界通说认为,消费者是为生活消费需要购买和使用商品或服务的自然人,必须以非营利性为前提,且不能随意扩大消费者范围。但为了维护诚实、信用、平等的市场交易秩序,保障消费者的身体健康,我国2021年12月1日修正施行的《最高人民法院关于修改<最高人民法院关于审理食品药品纠纷案件适用法律若干问题的规定>的决定》确认了在食品、药品领域中"知假买假"者的消费者地位。并在经营者在提供商品或服务时有欺诈行为或是生产不符合食品安全标准的食品,或者经营明知是不符合食品安全标准的食品的情形发生时,可以拥有主张惩罚性赔偿金的权利。此规定增大违法行为人的违法成本,促进市场经济的有序运转,更体现了经济法的社会本位理念与中国特色社会主义市场经济高质量发展的本质要求。

2. 思考题

（1）结合本节案例，思考在法律适用时如何实现法、理、情有机结合？

（2）你认为"知假买假"者能否依《中华人民共和国农产品质量安全法》第三十六条情形主张惩罚性赔偿金？

案例四

以人为本之有为政府

一、知识点

2022 年财政政策的特点与内涵。

二、育人目标

在中国特色社会主义市场经济中，市场作用与政府作用是有机统一的，市场作用要依赖政府发挥引导、规制作用。同时，政府作用要立足市场、尊重市场、服务市场才能推动经济健康持续发展。政府与市场的作用不能相互替代，既要坚持市场优先原则，又要在市场失灵时发挥政府的能动作用。始终坚持"两手并用"，坚定不移地走中国特色社会主义道路。

三、案例内容

财政部于 2022 年 2 月 24 日发布的《2021 年中国财政政策执行情况报告》认为 2022 年积极的财政政策重点要做好六个方面工作：

(1)实施更大力度减税降费,增强市场主体活力。

(2)保持适当支出强度,提高支出精准度。

(3)合理安排地方政府专项债券,支持重点项目建设。

(4)加大中央对地方转移支付,兜牢基层"三保"底线。

(5)坚持党政机关过紧日子,节俭办一切事业。

(6)严肃财经纪律,整饬财经秩序。

四、教学设计

(一)课前准备

明确本次授课的主要目的是帮助学生领会如何正确使用财政政策调节经济平稳运行,培养学生全面、辩证的观察、分析财政政策对社会经济的影响,增强学生以事实说明问题的能力及调查研究能力。所以,提前一周让学生了解2022年财政政策,并结合周边经历找到与财政政策结合的生活实例。

(二)课堂导入

结合学生对政府发放消费券等亲身经历,引入2022年财政政策。

(三)知识讲解与思政元素的融入

1. 2022年财政政策的特点

释放了2022年财政政策要更加提升效能,更加注重精准、可持续的积极信号。既要将有限资金用在关键领域,提高资金使用效能,发挥财政资金"四两拨千斤"的带动和辐射作用,又要量力而行,稳中求进,为宏观经济稳定发展提供政策保障。

2. 2022年财政政策的内涵

提升效能,就是要统筹财政资源,强化预算编制、审核、支出和绩效管理,推进绩效结果和预算安排有机衔接,加强与货币政策等协调,确保宏观政策稳健有效。

注重精准,就是要聚焦制造业高质量发展、聚焦中小微企业纾困、聚焦科技创新,实施新的更大力度减税降费;进一步优化财政支出结构,落实过"紧日子"要求,同时加强对基本民生、对重点领域、对地方特别是基层的财力保障。

增强可持续性,就是要统筹需要和可能安排财政支出,坚持在发展中保障和改善民生,不好高骛远、吊高胃口;适当确定赤字率,科学安排债务规模,有效防范化解风险。

3. 组织学生讨论

分析2022年财政政策,总结政府干预市场的手段类型并加以评价。

(1)在我国经济发展面临需求收缩、供给冲击、预期转弱三重压力之下,社会总供需双重收紧,市场出现结构性失衡,需要政府及时干预。政府实行大力度减税降费政策,增强市场主体获得感,提振市场信心。

(2)中央对地方转移支付特别是一般性转移支付规模将较大幅度增加继续向困难地区和欠发达地区倾斜,兜牢基层"三保"底线,保民生,刺激需求。

(3)合理安排地方政府专项债券,支持重点项目建设,发挥重点项目以点带面的辐射力,增强市场活力,推进经济平稳发展。

国务院决策部署,有力统筹疫情防控和经济社会发展,加大宏观政策调节力度,有效实施稳经济一揽子政策措施,扎实做好"六稳""六保"工作,疫情反弹得到有效控制,国民经济回稳,民生保障有力有效,高质量发展态势持续,社会大局保持稳定。上半年国内生产总值同比增长2.5%,其中二季度国内生产总值同比增长0.4%,主要指标止住下滑态势,实现正增长。

课堂小结与思考

1. 课堂小结

回顾2022年财政政策的特点与内涵的基本知识,使学生深刻领悟党的心里想着人民,眼里装着人民,一切为了人民,特别是"坚持党政机关过紧日子,节俭办一切事业"与"加大中央对地方转移支付",兜牢基层"三保"底线政策,要求形成强烈对比,暖人心,顺民意。

2. 思考题

结合我国2022年财政政策,谈谈你对我国政府执政为民的理解与认识。

参考文献

[1]《西方经济学》编写组.西方经济学[M].北京:高等教育出版社,2019.

[2]本杰明·格雷厄姆.聪明的投资者[M].4版.王中华,黄一义,译.北京:人民邮电出版社,2011.

[3]伯纳德·M.巴鲁克.洞悉人性的投资者[M].邵旖旎,译.北京:人民邮电出版社,2019.

[4]陈凌婧,胡璇.企业社会责任、网络情绪传播与品牌价值:基于鸿星尔克的案例分析[J].商业经济研究,2022(3):94-96.

[5]陈彦斌,刘哲希,陈小亮.稳增长与防风险权衡下的宏观政策:宏观政策评价报告2022[J],经济学动态,2022(1):40-57.

[6]大学外语教学指导委员会.大学英语教学指南(2020版)[M].北京:高等教育出版社,2020.

[7]邓恒.探求处罚性赔偿的实质意义 审视职业打假人法律地位[N].人民法院报,2017-4-12,(7).

[8]郜进兴,曾军,冉明东.传会计之道 扬中华之光:写在《中国会计通史》出版之际[J].会计研究,2020(1):4.

[9]戈登·J.亚历山大,威廉·F.夏普,杰弗里·V.贝利.投资学基础[M].3版.赵锡军,译.北京:中国人民大学出版社,2015.

[10]贯彻落实全面依法治国新理念新思想新战略 扎实推进会计法治建设:《会计改革与发展"十四五"规划纲要》系列解读之七[J].金融与会计,2023(1):61-69.

[11]胡登峰,黄紫微,冯楠,等.关键核心技术突破与国产替代路径及机制:科

大讯飞智能语音技术纵向案例研究[J].管理世界,2022,38(5):188-209.

[12]纪光欣,孔敏.论泰勒科学管理理论的系统性特征[J].系统科学学报,2022,30(2):18-24.

[13]甲鲁平,倪文豪.从鸿星尔克事件看新时代企业社会责任的履行[J].现代商业,2021(35):27-30.

[14]经济法编写组.经济法学[M].北京:高等教育出版社,2022.

[15]荆新,王化成,刘俊彦.财务管理学[M].北京:中国人民大学出版社.2018.

[16]刘用铨,黄京菁.2022年:财政政策创新与改革亮点[J].中国财政,2022(11):43-45.

[17]罗知之.银保监会:防范借"元宇宙"名义非法集资[J].上海商业,2022(2):5.

[18]马海涛.新预算法与我国国库集中收付制度改革[J].中国财政,2015(1):64-70.

[19]裴昱.制造业迈向价值链中高端 中国强化关键核心技术攻关[N].中国经营报,2022-08-01(A04).

[20]钱苹,罗玫.中国上市公司财务造假预测模型[J].会计研究,2015(7):18-25,96.

[21]宋建波,朱沛青,荆家琪.审判仍在路上:新《证券法》下康美药业财务造假的法律责任[J].财会月刊,2020(13):134-139.

[22]王先林.经济法案例百选[M].北京:高等教育出版社,2020.

[23]王先林.经济法教程[M].2版.上海:上海交通大学出版社,2016.

[24]王小涵,王育红.上市公司财务造假与违规手段研究[J].财会通讯,2021(6):126-129.

[25] 卫兴华,黄丽云.深化对中国特色社会主义经济理论的认识:卫兴华教授访谈录[J].东南学术,2015(5):4-11.

[26] 吴晓求.证券投资学[M].5版.北京:中国人民大学出版社,2020.

[27] 吴应宁.习近平金融思想的核心要义[J].党的文献,2018(1):18-24.

[28] 夏冠湘."中国无人机"的成长之路:以大疆无人机为例[J].现代雷达,2021,43(8):2.

[29] 香帅.香帅中国财富报告(分化时代的财富选择)[M].北京:新星出版社,2021.

[30] 肖钢.国库集中支付制度改革回顾[J].中国金融,2018(23):26-28.

[31] 肖小和,蔡振祥.中国票据市场四十年(1981—2021年)发展回顾与启示(上)[J].中国货币市场,2021(7):51-55.

[32] 肖小和,蔡振祥.中国票据市场四十年(1981—2021年)发展回顾与启示(下)[J].中国货币市场,2021(8):59-63.

[33] 肖小和.新时代中国票据市场研究[M].北京:中国金融出版社,2022.

[34] 徐贝贝.积极的财政政策效能进一步提升[N].金融时报,2022-08-31(4).

[35] 徐飞,苏勇,何志毅,等.管理学与共同富裕[J].上海管理科学,2022,44(1):1-23.

[36] 徐会超,沈诗雨,雷宇.全球首部会计通史在汉出版[N].中国青年报,2021-11-21.

[37] 闫坤,张鹏.2022年积极的财政政策的稳健与创新[J].中国财政,2022(7):24-26.

[38] 杨芳青."霍桑实验"对高校基层教学管理人员职业倦怠的启示[J].内蒙古师范大学学报(教育科学版),2014,27(5):94-96.

[39] 余建斌,郭馨泽,夏维兰.无人机应用领域不断扩展[N].人民日报,2019-12-23(19).

[40]余建斌.弘扬新时代北斗精神 服务全球造福人类[N].人民日报,2021-12-14.

[41]余晓凤.上市公司虚构经济业务型财务造假探析:基于GONE理论[J].财会通讯,2021(20):125-129.

[42]袁正.微观经济学课程思政案例集[M].成都:西南财经大学出版社,2022.

[43]张俊瑞,危雁麟.数据资产会计:概念解析与财务报表列报[J].财会月刊,2021(23):8.

[44]张婉苏.我国财税法中转移支付的公平正义:以运行逻辑与实现机制为核心[J].政治与法律,2018(9):80-92.

[45]张霄."套路贷"的刑法规制问题探析[J].法制博览,2022(23):145-147.

[46]张辛欣.专精特新企业平均研发强度超10%[N].新华每日电讯,2022-07-27.

[47]张新民,钱爱民.财务报表分析[M].北京:中国人民大学出版社,2019.

[48]张一林,蒲明.债务展期与结构性去杠杆[J].经济研究,2018(7):23-46.

[49]赵冬花.基于"协同育人"理念的微观经济学课程思政教学实践探究[J].2020(32):69.

[50]赵华,朱锐.企业去杠杆的财务内涵:基于复杂适应系统的理论解析[J].会计研究,2020(10):164-176.

[51]赵西卜.中国政府会计改革与政府成本会计系统建设[C]//北京大学中国教育财政科学研究所.中国教育财政政策咨询报告补充版(2015—2019).北京:社会科学文献出版社,2021,287-299.

[52]赵峥,王炳文.共同富裕目标下的转移支付制度:成效、问题与建议[J].

重庆理工大学学报(社会科学),2022,36(3):1-10.

[53] 周红芳.开放式国家创新体系论[D].成都:四川大学,2021.

[54] 周晶菁,李云飞."套路贷"案件中套路识别分析[J].法制博览,2022(23):14-16.

[55] 朱太辉,魏加宁,刘南希,等.如何协调推进稳增长和去杠杆?:基于资金配置结构的视角[J].管理世界,2018,34(9):25-32+45.

[56] 兹维·博迪,亚历克斯·凯恩,艾伦·J.马库斯.投资学[M].10版.汪昌云,张永骥,译.北京:机械工业出版社,2017.